目錄 CONTENTS

前言

小哥白尼就讀中學二年級。

他的本名是本田潤一，小哥白尼是他的綽號，他今年十五歲，不過個頭看起來比實際年齡小，他自己也很介意這一點。

每學期初體育老師總會讓全班排隊，脫帽，按照身高重新排列，這時候小哥白尼總會偷偷地把鞋跟踏在碎石子上，或者盡量伸長脖子，想盡辦法排到比較前面的位置，可惜他從來不曾成功過。他總是和綽號「阿猛」的北見分居二、三名，兩人不相上下，有輸有贏。當然，是倒數二、三名。

不過，談到成績，情況正好相反，小哥白尼總是排第一或第二，幾乎不曾掉到第三名之後。當然，這是按照分數高低排列的順序。成績好並不代表小哥白尼是書呆子，其實他比其他人更愛玩。他是班上的棒球隊選手，嬌小的身子配上大大的手套，防守二壘，看起來真是可愛。小哥白尼畢竟個頭小，就打擊而言稱不上強棒，但是他擅長犧牲短打，總是擔任第二棒打者。

雖然小哥白尼的成績名列前茅，卻從來不曾當過班長。並不是因為他人緣不好，而是因為他太調皮。他在公民道德課的時候背著老師，拿線綁住兩隻甲蟲讓牠們拔河，還玩得津津有味，這樣子怎麼能當班長？每次開家長會，班導師總對小哥白尼的媽媽這麼說。

「小哥白尼在學業上表現很好，一點也不須操心。成績非常優秀，這次又拿了第一名。不過。不過……」

聽到「不過……」，小哥白尼的媽媽總覺得「又來了」。接下來老師總是說，小哥白尼實在太調皮，總讓老師頭痛。

不過，小哥白尼這麼調皮搗蛋，其實媽媽可能也得負責。她參加完家長會之後，經常對小哥白尼說：「老師又提到你太調皮了。」可是，她的語氣並不嚴厲。其實她沒辦法為了這種事情嚴厲地教訓小哥白尼。

媽媽生不了氣，是因為小哥白尼雖然喜歡調皮搗蛋，卻非常天真，不是故意和人唱反調，也不會造成別人的困擾或讓人難堪，只是為了逗人開心。除此之外，還有另一個主要的理由。因為小哥白尼的爸爸已經不在了。

小哥白尼的父親大約在兩年前過世。他生前擔任大型銀行的董事，在他過世之後，小哥白尼全家從原本居住的舊市區宅邸搬到郊外的小房子。家裡的佣人也變少了，除了媽媽和小哥白尼之外，只留下老僕人和女佣各一人，四個人一起生活。上門拜訪的客人也比父親生前少了，家裡突然變得冷冷清清。家道中落之後，媽媽最擔心小哥白尼會不會過得不開心，所以她就算看到小哥白尼調皮搗蛋，也狠不下心嚴厲地教訓他。

他們搬到郊外之後，住在附近的舅舅經常到家裡來。舅舅是媽媽的親弟弟，剛從大學畢業不久，學法律。小哥白尼也常常到舅舅家去玩，兩人感情非常好。街坊鄰居經常看到高個兒的舅舅和個子嬌小的小哥白尼一起散步，他們也經常在附近的空地玩丟接球的遊戲。

其實小哥白尼這個綽號就是舅舅取的。後來在某個星期天，小哥白尼的同學水谷到他家玩，剛好舅舅也在，對小哥白尼呼來喚去，左一聲「小哥白尼」、右一聲「小哥白尼」；從那時候起，學校同學也都耳聞這個綽號。

「其實本田在家的時候叫小哥白尼。」

水谷到學校告訴同學，於是大家也開始稱他小哥白尼。現在就連媽媽有時候也會叫他「小哥白尼」。

不過，為什麼要叫「小哥白尼」？沒有同學知道原因。大家不知道原因，只是覺得有趣，就跟著這麼稱呼他。

即使問小哥白尼「為什麼你叫小哥白尼」，他也只是面露微笑，絕對不說明原因。不過，小哥白尼聽到別人這麼問，總是眉開眼笑，所以學校同學更想知道原因了。

各位讀者一定也和小哥白尼的朋友一樣好奇。既然如此，故事就從小哥白尼這個稱呼的由來說起。然後，我再慢慢向大家報告小哥白尼內心的奇妙經歷。為什麼要向大家報告？等你們看了故事之後，自然就會明白。

1 奇怪的經驗

這件事發生於去年十月某天下午，當時小哥白尼就讀一年級，他和舅舅一起站在銀座某家百貨公司頂樓。

令人看不清的濛濛細雨，靜靜地自灰暗的天際不斷飄下，小哥白尼的外套和舅舅的雨衣不知何時布滿了細小的銀色水珠，好像覆蓋了一層霜。小哥白尼安靜地向下俯瞰著銀座街道。

從七樓往下看，銀座街道就像一條細細的渠道。車輛川流不息，從右邊的日本橋通過眼下的街道再往新橋方向流去，左邊的車輛則是反向流往日本橋的方向，兩道車流擦身而過，車流忽寬忽窄，不停流動。兩道車流之間有時還有電車慵懶地緩緩駛過。電車看來就像玩具車一樣小，車頂都溼了。不，就連汽車、柏油路面、佇立在路旁的行道樹、所有東西都淋得溼漉漉的，映著不知從何而來的白天的光，閃閃發亮。

小哥白尼靜靜地俯瞰銀座街道，看著看著，他開始覺得一輛一輛的汽車好像某種蟲子。蟲子，是指甲蟲。一群甲蟲匆匆地爬了過來；辦完事的甲蟲又匆匆地爬了回去。雖然外人無從得知，不過這群甲蟲一定出了大事。話說回來，銀座街道漸漸變遠變窄，最後往左拐，沒入隱藏在高樓之間的京橋路段。京橋那兒看來就像甲蟲巢穴的出入口。

匆匆爬回去的甲蟲在那兒一一消失無蹤，和牠們擦身而過的新甲蟲不斷地湧出巢穴，紛紛朝著銀座街道爬過來。黑的，黑的，又是黑的，然後是藍的，灰的……

細粉般的濛濛雨依然靜靜地下著。小哥白尼一邊馳騁在奇妙的想像中，一邊凝視著京橋方向，不久後他抬起頭來。在他眼簾之下，被雨打溼的東京城無止境地延伸，在濛濛細雨中往外擴散。

這陰暗寂靜又沒有邊際的景象，讓小哥白尼看得心情也沉重了起來。放眼望去，無數個小屋頂反射著混沌天空的光亮，無邊無際地延伸。平坦的屋頂彼此緊密拼接，有些大樓聳立其間，彷彿穿破屋頂平接面。視線看得越遠，景物逐漸在雨中變得朦朧，最後在與天空融為一體的霧中化為浮水印似的圖畫。多麼深重的溼氣啊。沾溼了一切，就連石頭都像被水氣穿透似的。東京一動也不動地沒入這冰冷溼氣的底部。

小哥白尼生於東京，在東京長大，卻是第一次見到東京這麼嚴肅而憂傷的模樣。城市的紛擾從溼漉漉的空氣底部不斷湧上來，一直升到七樓的屋頂上。然而，這一切似乎都在小哥白尼耳邊打住，他定住了目光，一直站在那兒。不知道為什麼，他無法將視線移開。這時候，小哥白尼心中起了前所未有的變化。

其實「小哥白尼」這個稱呼的由來，也和這時候小哥白尼心中發生的變化有關。

剛開始浮現在小哥白尼眼中的，是下著雨的、陰暗的冬日海洋。也許他想起了寒假時自己和爸爸一起到伊豆的回憶。當他凝視著東京在濛濛細雨中茫茫地往外擴散，他眼底的東京猶如一片海，聳立的高樓大廈就像突出海面的岩石。下著雨的天空低垂在海面上。小哥白尼沉浸於自己的想像，隱隱約約感到，有許多人就活在這片海洋下。

不過，待小哥白尼回過神來，他的身子不禁微微一顫。小小的屋頂緊密地覆蓋了整片大地，在數不盡的屋頂下，都各有一些人生活在其中！雖然這是理所當然的事，不過認真想想，還真是令人感到可怕。當下在小哥白尼視線內，而且是在他看不見的地方，有他不認識的幾十萬人生活著。有多少形形色色的人啊。在他向下俯瞰的這一刻，這些人正在做什麼、在想什麼？對於小哥白尼來說，這簡直就是無法預測的混沌世界。戴眼鏡的老人、頂著西瓜皮髮型的女孩、繫著髮髻的老闆娘、圍著工作圍裙的男子、穿西裝的上班族——所有世俗的人頓時都出現在小哥白尼眼中，又消失不見。

「舅舅。」

小哥白尼開口了。

「從這兒看得到的地方，到底有多少人？」

「嗯……」

舅舅當下也無法回答。

「只要知道從這兒看得到的地方是東京市的十分之一或八分之一，就知道這兒有東京市人口的十分之一或八分之一，不是嗎？」

「沒有這麼簡單。」

舅舅笑著回答。

「如果東京每個地方的平均人口都一樣，你說的方法就行得通。不過，實際上有些地方人口密度高，有些地方人口密度低，所以不能照面積的比例計算。還有，白天和晚上的人數也相差很多。」

「白天和晚上？為什麼相差很多？」

「你想想，我和你都住在東京市郊，可是現在我們都來到東京市中心。然後到了晚上，我們又回家了。我們並不知道有多少人像我們一樣。」

「……」

「今天剛好是星期日。如果換成平常日，放眼望去，每天早上都有大批人潮，從東京市外湧入，朝著從這兒看得到的京橋、日本橋、神田、本鄉移動。到了傍晚，人潮又會頓時向外散去。你應該也知道，省線電車、市內電車和公車在尖峰時段有多麼擁擠。」

小哥白尼聽了覺得很有道理。舅舅又補充說明。

「我們可以說，幾十萬人，不，也許有上百萬人，就像潮汐一般，時而漲潮、時而退潮。」

兩人談話時，天空依然靜靜地下著如霧一般的雨。舅舅和小哥白尼都沉默了一會兒，凝視著眼前的東京市。在微微顫動的細雨的另一端，黑暗的城市無止境地延伸，從這兒看不見半個人影。

然而，下面一定有幾百萬個人，他們各有各的想法，各過各的生活。而且這些人每天早晚都如潮汐一般，漲了又退。

小哥白尼覺得自己在某種巨大的漩渦裡漂浮。

「舅舅。」

「怎麼了？」

「人……」

小哥白尼話說到一半，臉紅了起來。不過他鼓起勇氣繼續說。

「人，就像水分子一樣。」

「對，如果把世界比喻成海洋或河流，每個人確實就是水分子。」

「舅舅也是。」

「嗯。你也是，是很小的分子。」

「竟然取笑我。分子當然很小。不過如果舅舅變成分子，有點太長了。」

小哥白尼一邊說著，一邊往下看著銀座街道。汽車、汽車、汽車……話說回來，那些像甲蟲般的汽車，裡面同樣有人。

小哥白尼發現在車流中有一輛自行車，車上應該是個年紀還小的男孩。寬鬆的雨衣溼得發亮。男孩偶爾往兩邊看，偶爾往後看，一邊注意那些追過自己的汽車，一邊使勁地踩著腳踏板。他作夢也不會想到小哥白尼正從這麼高的地方看著他，只是在雨水打得溼亮的柏油路上前進，忽左忽右地閃避著汽車。這時候，一輛灰色汽車追過前面兩、三輛車，冒了出來。

「危險！」

站在屋頂上的小哥白尼在心裡喊著。他覺得那輛車就要撞倒自行車了。不過，那個男孩迅速地側了身，閃過那輛汽車。然後，他驚險地把在那一瞬間半倒的車身打直之後，又繼續使勁地踩著腳踏板前進。看他每踩一次踏板，全身就跟著動，可知他有多麼拚命。

這個男孩打哪兒來、為什麼騎著自行車在路上——小哥白尼當然不知道。自己從這麼遠的距離遠眺這個素昧平生的男孩，而那個男孩根本沒有注意到。小哥白尼不禁覺得奇妙。男孩騎車的地點，正是剛才小哥白尼和舅舅來銀座時開車經過的地方。

「舅舅，我們經過那兒的時候⋯⋯」

小哥白尼指著下面說。

「說不定也有人正從屋頂往下看。」

「嗯，誰曉得呢。不，說不定現在也有人從某扇窗看著我們。」

小哥白尼的視線瞥過附近的大樓。每一棟大樓都有許多窗戶。聽了舅舅的話，現在這些窗戶看來彷彿都朝著小哥白尼的方向，而且每一扇窗都反射著外面朦朧的光線，像雲母似的發亮。沒有人知道窗後的人是否正往這兒看。

不過，小哥白尼總覺得有雙眼睛從自己不知道的地方盯著自己看。他甚至想像那雙眼睛看到自己的模樣。遠處灰色模糊的七樓大廈，站在屋頂上小小的、小小的身影！

小哥白尼覺得很奇妙。看著別人的自己，被別人看的自己，注意到自己被別人看著的自己，從遠方眺望自己的自己，各種自己在小哥白尼的心裡交疊，他頓時感到一陣暈眩。在他胸口彷彿有波浪搖盪。不，是小哥白尼自己動搖了。

在小哥白尼眼前茫茫延伸的都市，這時候似乎有看不見的潮汐漲滿。小哥白尼不知何時也成了潮汐中的一顆水滴。

小哥白尼茫然地定住目光，沉默了好一陣子。

「怎麼了？」

過了一會兒，舅舅開口叫他。

小哥白尼露出如夢初醒的表情。他看了舅舅的臉，不好意思地笑了。

過了幾個小時，小哥白尼和舅舅坐上車，沿著郊外的道路，開往回家的方向。他們出了百貨公司之後，先到電影院看了新聞（譯注：當時沒有電視，所以新聞是在電影院放映的。），傍晚招了一輛車回家。這時候天色已經黑了。雨還下著。從汽車頭燈發出的光線中，看得見細雨顫動。

「你剛才在想什麼？」

舅舅問道。

「剛才？」

「在百貨公司屋頂。你好像想什麼事想得出神。」

「……」

小哥白尼不知道該怎麼回答才好。所以，他不說話。舅舅也不再追問。車子沿著漆黑的道路轟隆隆地前進。

過了一會兒，小哥白尼開口了。

「我覺得很奇怪。」

「為什麼？」

「還不是因為舅舅說什麼人潮有時候漲、有時候退。」

「……」

舅舅一臉疑惑。這時候，小哥白尼突然清楚地說道。

「舅舅，人真的像分子一樣。我今天真的這麼覺得。」

在車內微弱的燈光下，可以看到舅舅睜大了眼，好像嚇了一跳。小哥白尼的

表情顯得異常興奮緊張。

「是嗎？」

舅舅應聲，思考了一會兒之後，沉著地說道。

「你要牢牢記住這件事，這是非常重要的事。」

到了當天晚上。

舅舅在自己家書房裡待到深夜，不停地寫著什麼。有時候他停筆，抽根菸，想了想，再繼續寫。過了一小時或一個半小時，他才放下筆，闔上筆記本。那是有深褐色布面封皮的大型筆記本。

舅舅端起桌上擱置已久的紅茶茶杯，一口氣喝光已經涼掉的紅茶，大大地伸個懶腰，雙手來回地搔起頭來。他點了根菸，悠閒地抽了一會兒，然後立刻打開抽屜，把筆記本收進去，關了燈，緩步走向臥室。

話說回來，我們得看看那本筆記本。因為本田潤一被稱為小哥白尼的理由就藏在筆記本裡。

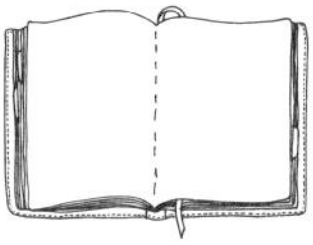

舅舅的筆記本

對於事物的看法

潤一：

今天你在車上對我說「人真的像分子一樣」。你自己可能沒發現，當時你看來非常認真。我覺得你的表情看來真美。不過，我並不只是為此感動。一想到你已經開始認真地思考那樣的事情，我的心就熱了起來。

正如你感受到的一樣，每個人都是遼闊世界中的一個分子。大家聚在一起才構成了這個世界，每個人都隨著世界的波浪移動、活著。

世界的波浪當然也是靠每個分子的運動聚在一起才有波動，人和許多物質的分子並不相同。等你以後漸漸長大，必須對這方面有更多了解，不過今天你看到自己是遼闊世界中的一個分子，這絕對不是個小發現。

你知道尼古拉斯．哥白尼的「地動說」吧。在他提出地動說之前，大家都只相信自己看到的，認定太陽和星星是繞著地球轉。原因之一是基督教教會主張地球是宇宙的中心。其實更進一步想，**人總是以自己為中心看待事物或思考事物，這是人的特性**。

不過，哥白尼看到了天動說無法說明的天文學現象，苦思不得其解，乾脆大膽假設地球繞著太陽轉。這麼一想，才發現能以清晰的法則說明以前無法說明的各種現象。在哥白尼之後，伽利略和克卜勒這些學者也繼續研究，證明哥白尼的假說正確。現在大家已經都相信地動說是理所當然的事，甚至連小學課本裡都有簡單的說明。

不過，你應該也知道，當初哥白尼提出這項假說之後，飽受社會大眾的質疑。當時教會有權有勢，哥白尼的學說等於是推翻教會的主張，所以被視為危險思想，支持這項學說的學者都進了監獄，相關書籍全都被燒燬，相關人士也遭受嚴重的迫害。一般人為了避免惹禍上身，當然不會傻傻地相信這項假說；即使是不怕惹麻煩的人，聽到自己安心居住的大地在遼闊的宇宙中不停繞圈的說法，也會覺得有點詭異而不想相信。經過幾百年，地動說才得以成為主流，現在就連小學生都知道。

你一定也讀過《人類的歷史》，知道這段歷史。不過，總而言之，人習慣以自己為中心看待事物與思考事物的習性，就是這麼根深柢固、難以改變。

哥白尼認為自己居住的地球是浩瀚宇宙中的天體之一，在宇宙中轉動；其他人則認為自己居住的地球穩坐在宇宙中央。其實這兩種想法不只出現在天文學；當我們思考這個世界、思考人生的時候，也一樣擺脫不了。

所有小孩子的想法都不像地動說，而像天動說。請你觀察小孩的知識，他們一切都以自己為中心。電車軌道在我們家左邊，郵筒在我們家右邊，菜販在彎進轉角的地方。靜子家在我們家對面，阿三家在我們家隔壁。小孩子的想法就像這樣，一切都以自己家為中心。認識其他人的過程也一樣，同樣以自己為中心，例如那是我爸爸銀行的同事、這是我媽媽的親戚。

長大之後，想法或多或少會慢慢接近地動說。先有廣大的世界，再了解這個世界上的諸多人事物。至於地點，只要說到什麼縣什麼町就知道位置，不一定要知道每個地方和自己家的關係。談到其他人的時候，只要說是某家銀行的總裁、某所國中的校長，大家就能理解彼此說的是誰。

不過，即使長大之後想法會慢慢改變，依然只限於大致的事物。人習慣以自己為中心思考、判斷事物；即使長大了，這種特性同樣根深柢固。等你長大了就會明白，在廣大的世界上，**能完全改掉以自己為中心思考的習慣的人，其實非常稀少**。尤其碰到事關利害得失的時候，要跳脫自己的立場作出正確的判斷，實在很難。面對利害得失如果還能抱持像哥白尼那樣的想法，可說是非常了不起。大多數人往往陷入自私的想法，所以看不清真相，只看得到對自己有利的事。

如果人一直堅信地球是宇宙的中心，恐怕就無法了解宇宙真正的樣貌；**同樣地，總是以自我為中心判斷事物，也會讓人不了解周遭事物的真相**。

這種人一定看不清重大的真理。平時我們當然會說是太陽升起、落下。有關這些日常的事物，按照習慣這麼說並無大礙。不過，如果想了解宇宙的重大真理，就得捨棄那樣的想法。世上其他事物其實也一樣。

所以我認為，今天你深刻體會到自己是廣大世界的一個分子，真的算是件大事。我暗自希望，今天的經驗能在你心中烙下深刻的痕跡。今天你體會到、思考過的想法，就像從天動說邁入地動說一樣，有非常深刻的意義。

舅舅的筆記本裡還寫著更多艱深的內容，不過只要大家讀了這一段，應該就能了解為什麼他稱潤一為小哥白尼了。舅舅為了讓潤一記住那一天的經驗，決定以後稱呼他「尼古拉斯．哥白尼先生」，後來就叫他「小哥白尼」。小哥白尼順口多了。

難怪每當同學問小哥白尼綽號的由來，他總是眉開眼笑。舅舅以哥白尼這種偉人的名字為他取綽號，他當然很開心。

2　勇敢的朋友

雖說小哥白尼是活在廣大世界的一個分子，他畢竟只是中學一年級的學生。在日常生活中和小哥白尼往來的，也只有學校的朋友。不過，這些朋友必定也自成一個世界。

話說回來，在這個世界裡，有兩個人物和小哥白尼交情特別好。其中一個是水谷，從小學就和小哥白尼是同學，從小兩人經常到對方家去玩。另一個是北見，綽號阿猛。

之前我已經說過，北見和小哥白尼身高相近，總是排在一起。他們明明有很多機會可以交談，可是剛開始小哥白尼總覺得看北見不順眼。水谷體型修長，樣貌俊美，態度文靜，似乎帶著小女孩般的內向。北見則和水谷完全相反，他和小哥白尼一樣矮，而且體態還像英國鬥牛犬一樣壯；他在任何場合都對人毫不客氣，想說什麼就說什麼，而且一旦話說出口，態度就不會軟化。

「不管誰怎麼說，我都不聽。」

只要北見這麼說，事情就沒有轉圜的餘地。這句「不管誰怎麼說……」是北見的口頭禪。因為他有時候很頑固，性子猛烈又麻煩，大家不知什麼時候就開始叫他阿猛。小哥白尼也覺得北見脾氣太莽撞了，所以剛開始一直和他熟不起來。

不過，雖然阿猛個性有點頑固，其實他是個很開朗的男孩。——某一天，在放學回家的路上，阿猛和小哥白尼與其他朋友爭論電流到底是什麼。北見不相信有物質能在電線這種金屬固體裡面流動。他認為，電流應該像光和聲音一樣，是透過振動傳導。可是小哥白尼當時已經知道，比原子更小的電子在電線中流動而產生電流，所以他說北見的想法是錯的，但是北見再怎麼樣都不肯相信。

「你會不會看書看錯了？你想想，銅絲裡根本沒有讓物質通過的縫隙。你的說法很奇怪。不管誰怎麼說，我都覺得無法想像。」

小哥白尼必須把自己在科學雜誌、物理學的課外讀物、《世界之謎》之類的書上學到的知識全搬出來，向北見說明物質的構造。所有物質都是由顯微鏡也看不到的小原子構成——小小的原子是由更小的電子組成——知道有這麼小的原子和電子，就會發現我們認為沒有縫隙的物質其實充滿了縫隙——正因為如此，像X光這麼小的波才能穿透一般光線無法通過的物質。

「真的嗎？」

阿猛依然一臉懷疑。這時候小哥白尼停下腳步，從書包裡拿出那天恰好放在身邊的書《電的故事》，讓北見看看書上說明電流的內容。這是理學博士寫的書。

「嗯——」

北見讀了小哥白尼指出的內容。

當時大家都停了下來，心想這樣一來阿猛也不得不投降了，所有人都等著看北見怎麼回答。不久之後，北見抬起頭說道：

「嗯，沒錯。不管誰怎麼說……」

大家聽到這句話，心想他怎麼又來了，不可置信地看著北見的臉。北見一臉若無其事的樣子繼續說：

「我的說法完全錯了。」

大家聽了他的話，全都哈哈大笑。

小哥白尼突然覺得自己很喜歡阿猛。

不過，他們兩個是過了一陣子之後才要好起來。他們交情變好的關鍵是小哥白尼畢生難忘的「炸豆皮事件」。

某一天，就在小哥白尼要進教室的途中，好朋友阿堀靠了過來，小聲地說：

「聽說最近大家都叫浦川『炸豆皮』。」

「是嗎？」

小哥白尼第一次聽到這個稱呼。他反問為什麼。平時就以愛講話出名的阿堀露出狡猾的笑容，向小哥白尼說明。

「聽說浦川每天的便當菜色都是炸豆皮，而且是沒有煮軟的、乾硬的炸豆皮。」

「嗯……」

「而且，聽說這學期他的便當只有四天不是炸豆皮，所以，你應該也知道吧，每次靠近浦川身邊就會聞到炸豆皮的味道。」

小哥白尼聽了，不知怎的覺得不開心，不過他又繼續問道：

「你們怎麼會知道得這麼詳細？」

「這個嘛……」

阿堀稍微看了看四周，把音量壓得更低了：

「偷偷告訴你，坐在浦川隔壁的山口啊，每天都小心偷看，然後再告訴他那群朋友。不過，你別忘了，這是祕密，不能告訴別人是我說的。浦川自己也還沒注意到。」

小哥白尼聽了之後心生厭惡。注意別人便當的菜色，每天偷看的山口不像話，聽了他的話覺得有趣還馬上亂取綽號的那些傢伙，也好不到哪兒去。小哥白尼幾乎不曾吃過炸豆皮，即使偶爾出現在餐盤裡，他也放著不吃。這是小哥白尼吃不慣的食物之一，可是浦川竟然每天都吃炸豆皮。坦白說，就連小哥白尼都忍不住覺得好奇。不過，小哥白尼有點同情不知道自己被大家取了這種綽號的浦川，所以無法和阿堀一起嬉鬧。撇開這件事不談，浦川平時就像大家的玩具似的，經常受人捉弄。

任何人只要看過浦川的樣貌，應該都會了解為什麼大家喜歡捉弄他。浦川個子普通高，應該算腿長的，而且衣服總是太寬鬆，永遠不合身。衣服太大，可是帽子卻小得離譜，而且還像士兵一樣戴得直挺挺的。他看起來好像嚴重缺乏運動神經，不管是投球或跑步，做什麼運動都不拿手，不協調的動作看起來簡直像漫畫。做體操的時候，就連體育老師都經常忍不住笑出來。即使抓著單槓，不僅身體抬不起來，就連腳都搆不到鐵桿。使勁把身體抬到一半高，又撐不住，馬上掉下來，然後再努力把身體抬高，馬上又掉下來。大家看到浦川抓著單槓使勁地掙扎，總是心生同情，又忍不住發笑。到最後實在沒辦法，老師總得壓著浦川的屁股使力，把他推到單槓上。

即使浦川不擅長運動，假如他在功課上表現過人，大家應該也不敢欺負他，可惜他書也讀得不怎麼樣。更糟的是，不知道為什麼，他是班上出了名的瞌睡大王。他唯一的強項是漢文（古文），其他人再怎麼努力都贏不過他。他就只有漢文成績特別好，好得不可思議，就連沒有標註假名和語意的艱深漢文，他都能看懂。不過，喜歡漢文又學得好，在同學眼中反而顯得更滑稽。大家都認為，就是英語和數學都學不好，才會擅長漢文。

幾乎所有同學都把浦川當笨蛋，喜歡捉弄人的同學還會不厭其煩地捉弄浦川，拿他困窘的模樣尋開心。

「浦川，你胸口有東西。」

浦川聽了，低頭看自己的胸口。他一壓低下巴，拉開領口往下看，馬上有人把小沙子從領口灌進他衣服裡。

到了書法課，浦川才離開座位一會兒，回來就發現毛筆不見了。他傻傻地在書桌下面找，老師立刻點名問道：

「浦川，你在做什麼？」

老師這麼一叫，浦川緊張了起來，頓時答不出話。

「毛筆……」

「毛筆怎麼了？」

「毛筆不見了。」

「剛才不是還拿著嗎？你再看清楚。」

浦川明知書桌下面沒有筆，也只好再彎腰看看。這時候，浦川旁邊或前面的同學趁機悄悄地伸出手，把剛才藏著的毛筆放回原位。浦川抬起頭來看到毛筆，才發現剛才有人把筆藏起來，可是周圍的同學都正經八百地寫著書法，浦川看不出到底是誰把他的毛筆藏起來。

「怎麼樣？找到了嗎？」

聽到老師這麼問，浦川回答：

「找到了，在桌上。」

「搞什麼鬼。你問題這麼多，老師怎麼上課。」

結果，竟然是浦川挨老師的罵。

大家這樣戲弄浦川，除了因為他外表怪異、成績不好，還有另一個理由。因為浦川的穿著打扮、用的東西——不，就連浦川的笑容和說話的樣子，都透著窮酸味，感覺就是個鄉下土包子。浦川家是賣豆腐的，可是班上其他同學的父母幾乎都是有名的企業家、政府官員、大學教授、醫生或律師。浦川混在這些人當中，難免顯得家世差了一截。全班就只有浦川的制服不是送洗，而是在自己家洗，也只有他會把傳統紗巾對摺當成手帕。

當大家談到神宮球場的話題，浦川只知道外野的事，根本無法和同學談論在內野看到的情況。說到看電影，浦川只知道老舊的小電影院，但是其他同學都去市內一流的電影院。浦川頂多兩年才去銀座一次，對銀座幾乎一無所知；更別說避暑勝地、滑雪場、溫泉區之類的話題了，浦川往往插不上半句話。他總是一個人孤零零的，打不進同學的圈圈，卻又沒有辦法改變。

浦川被同學排擠、戲弄，應該也覺得寂寞、不甘心，但是他心裡明白，如果自己露出寂寞、不甘心、生氣的模樣，那些壞心眼同學的惡作劇就會變本加厲，所以他盡量忍耐，不要有反應。不管同學對他做了什麼，他總是擺出善良而落寞的笑容，掩飾內心的委屈，撐過令人難堪的場面。大家開始覺得，不管對浦川做什麼，他都不會生氣，所以開玩笑也越來越過分，浦川的態度卻始終如一。不過，如果玩笑真的太過分了，有時連浦川也笑不出來。他會淚眼盈眶，看著對方，然後好像放棄了似的，默默離開。不過，即使浦川眼神充滿悲傷，也絲毫不曾流露恨意。

「我對你們毫無惡意，也不想打擾你們，為什麼你們要折磨我？求求你們不要再欺負我了。」

浦川凝視對方，眼神如此控訴。正因為他的眼神沒有絲毫的怒火，所以被浦川這麼看著，那些安靜乖巧的同學心裡也不好受。他們會不由自主地後悔自己開的玩笑。班上比較善良的同學有時候跟著起鬨，捉弄浦川一、兩次之後，很快就會停止。唯獨山口和他那群朋友從不停手，纏著浦川，不停地捉弄他。

後來，發生了一件事。這件事發生在去年秋天。

十一月要開班級同樂會，班上幹部已經安排好大致流程。先有開場致詞，然後依序有演講、朗讀、音樂，接著有餘興節目、茶點，然後解散。大家借用班導師大川老師半堂課的時間，票選演出名單。

大川老師發了投票單，吩咐班長川瀨等大家寫好之後統計投票結果，老師有事先出去一會兒。老師走出教室之前交代大家，現在還是上課時間，別班還在上課，大家必須保持安靜。

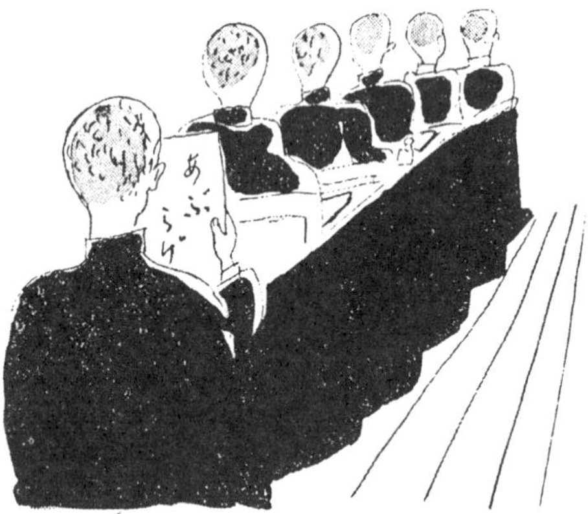

大家立刻看著投票單，思考該選誰表演。小哥白尼也握著鉛筆，想了一會兒。這時候，有「電報」傳了過來。「電報」是大家在上課時間偷偷往來的方式，把訊息寫在小紙條，從書桌下面，一個傳過一個。現在老師不在教室，所以紙條是光明正大地傳過來的。紙上寫著：

讓炸豆皮上台演講

雖然不知道是誰發出紙條，不過肯定是山口那幫人的其中之一。他們喜歡讓浦川站上講台，嘲弄他、批評他，然後嘲笑他手足無措的樣子。小哥白尼瞥了一眼，馬上把紙條傳給下一個人。不過小哥白尼自己並不打算照著紙條上的內容投票。

小紙條依序傳過一張又一張的課桌。小哥白尼把投票單放在面前，猶豫著該選誰，這時候他突然回過神來，想起紙條最後會傳到浦川那兒去。浦川還沒發現炸豆皮是誰的綽號，看到紙條一定會一頭霧水。

「我懂了，山口那群人的計畫也包括要看到浦川一頭霧水出糗的模樣。」

小哥白尼恍然大悟。他抬起頭，目光搜尋著剛才的小紙條。小紙條已經傳到浦川前面兩、三個人。正當小哥白尼盯著紙條，紙條已傳到了浦川手上。小哥白尼的座位在教室後面，看不到浦川拿到紙條後的表情，但是浦川好像不明白紙條的意思，把頭微微一偏。坐在浦川隔壁的山口面向後方，看著他那群朋友，吐了吐舌頭，神色不悅。浦川不懂紙條的意思，繼續把紙條往後面傳。山口又吐了吐舌頭。

紙條傳啊傳的，傳到山口的座位。山口故意擺出驚訝的表情，以大家聽得到的音量，念出紙條的內容。

「讓炸豆皮、上台演講……炸豆皮是誰？」

同學們的嘻笑聲此起彼落。山口洋洋得意。

「到底是誰？」

話一說完，他轉向浦川問道：

「浦川，你知道炸豆皮是誰嗎？」

浦川明顯慌了手腳。他表情訝異地轉向山口，滿臉疑惑地搖了搖頭。

「不知道。」

山口那群人開口大笑。其他人聽了，也跟著笑出聲來。浦川聽到大家的笑聲，頓時恍然大悟，臉色一沉。我們家的店，我的便當！原來如此，炸豆皮就是我自己！

浦川的臉頓時漲紅了。從小哥白尼的座位也能看到浦川連耳朵都紅了。

就在這時候。大家聽到椅子「碰」的一聲，人稱阿猛的北見站了起來。

「山口！你太卑鄙了。」

北見忿忿不平地大聲喊道。

「不要欺負弱小！」

山口斜眼朝北見那邊看，頂高下唇，故意冷笑幾聲。北見好像忍不住了，離開自己的座位，氣沖沖地走到山口旁邊。

「炸豆皮這個稱呼，是你開始叫的。我都聽說了。」

「放屁！我可沒這麼說。」

「那你剛才為什麼要吐舌頭？」

「你少管閒事。」

正當山口似答非答時，啪地一聲，北見已經一巴掌打在山口的臉頰。山口臉色蒼白。他以充滿憎恨的眼神看著北見，然後，突然朝北見吐口水。口水完全命中北見的臉！

「好啊！」

才剛聽到一聲吆喝，北見鬥牛犬般的身子突然猛烈地往山口的胸口撲過去。椅子應聲倒地，兩人上下相疊，倒在課桌之間。山口仰著身子，北見從上面壓得他動彈不得。雖然山口比北見高多了，腕力卻遠不及北見。他想把

北見推開，使勁掙扎，卻一直起不來，只能任憑北見不停地揍他的頭。北見抓住山口上衣的領口，上下晃動。山口的頭就這麼隨著身子不停地碰撞地板，發出聲響。

到目前為止，小哥白尼只要伸長脖子張望，還勉強看得到。不過到了下一刻，全班都站了起來，擠到他們兩人身旁圍觀。小哥白尼也站起來跑了過去，可惜此時兩人身邊早已擠滿了人，根本看不到人牆裡的情況。小哥白尼擠過人牆，靠近兩人之後，他看到了意想不到的景象。

在課桌間的狹縫裡，山口依然四腳朝天，被壓得動彈不得，眼神憤恨地瞪著北見。北見依然從上面壓著山口。可是，浦川竟然在那兒拍著北見的背。

「北見，沒關係啦，不必這麼激動，沒關係啦。」

浦川一邊說，一邊拚命阻止還想出手的北見。浦川的聲音近乎哀嚎。

「喂，求求你，原諒他吧。」

班長川瀨也一直安撫北見。北見不發一語，喘著氣，回瞪了山口。

這時候大家聽到老師的聲音。

「你們在做什麼？」

全班都靜了下來，面面相覷。

「統統回座位坐好。」

大家紛紛回到自己的座位，北見也鬆手離開山口，站了起來。仔細一看，北見的手流血了。雖然山口被壓倒在地，卻使盡全力以指甲擒住北見的手。北見已經回座位了，山口也氣沖沖地走回座位。

等全班就座之後，大川老師開口說：

「到底出了什麼事？我再三交代，結果我一離開教室，你們就吵吵鬧鬧，這樣還算是成材的中學生嗎？如果你們懂得顧慮其他班還在上課，不管發生什麼事，都不會吵成這樣。我實在感到非常失望。」

老師說完，看了看山口和北見，又繼續說道。

「人得靠腕力拚高下的事並不多，你們到底在吵什麼？」

他們兩人一句話也不說。

「好，我等會兒再問個清楚。你們說，是誰先動手的？快說。」

「是我。」

北見清楚地回答。

「好，是你先動手的。光靠嘴巴說就說不通嗎？」

「沒錯。」

「究竟出了什麼事，讓你這麼魯莽？該不是沒有理由胡亂動手吧？」

「……」

「說，為什麼這麼粗暴，學人打架？」

「……」

北見依然沉默不語。

「說實話。你先動手，讓全班跟著起鬨，這絕對是你的錯。不過，你年紀還小，還正在磨練修養。生氣了，壓抑不住怒氣，我也不會過度責怪你。只要有可以理解的原因，只要以後你懂得克制自己就好。快說實話。」

即使老師這麼說，北見依然低著頭，不肯回答。小哥白尼不懂為什麼北見不肯說話。只要一五一十地說清楚，老師就會明白山口那群人卑劣的行為，北見也不會挨太多罵。

「不能說，是嗎？既然如此，川瀨，我問你。老實說，你看到了什麼？」

老師話一說完，剛好下課鐘響。他叫山口、北見和川瀨三個人留下來，其他人離開教室到運動場。

小哥白尼到了運動場，心裡一直惦記著老師調查的結果。在那段下課時間，他就站在靠近出入口的梧桐樹下，一邊和水谷聊天，一邊等他們三人出來。

他們三人在下一堂課即將開始之前走出教室。川瀨第一個走出來，表情非常嚴肅。大家聚集在川瀨周圍，好奇地詢問老師判決的結果。第二個走出來的是山口。山口的四、五個同黨紛紛走近他，和他小聲交談。不久之後，大夥兒圍著氣沖沖的山口，走到其他地方去。

最後出現的是北見。

小哥白尼看到北見神情愉悅地吹著口哨走出來，總算放心了。老師一定沒有嚴厲責備北見。浦川最快跑到北見身邊，一臉擔心的模樣，問了北見一些事；北見可能是要浦川別擔心，所以浦川抬起頭，開心地望向其他同學。小

哥白尼第一次看到浦川這麼開心。

按照川瀨的說法，他向老師詳細說明事情經過，老師明白一切之後，嚴厲教訓了山口。雖然北見也挨了罵，不過老師只是點到為止。

當天在回家的路上，小哥白尼和北見走在一起。他試著問北見，為什麼老師問話的時候他不肯回答。北見說：

「要是我說了，豈不是在打小報告？我可不想做這種事。」

說著說著，他舉起貼著ＯＫ繃的手，揉著臉。

兩人走到省線電車車站，即將道別的時候，小哥白尼對北見說：

「這個星期天要不要到我家？水谷也會來。」

舅舅的筆記本

真實經驗的感動

小哥白尼：

昨天你興高采烈地告訴我「炸豆皮事件」，我也覺得非常有趣。聽到你和北見站在同一陣線，同情浦川，雖然這麼做理所當然，我還是很開心。假如你是山口的同夥，和挨罵的山口一起鬼鬼祟祟地逃到運動場的角落，你母親和我會有多麼傷心啊。

你母親和我打從心底期望你能成為了不起的人。你父親生前最後的遺願也一樣。所以，你看不慣別人卑劣、不入流、不老實的行為，尊敬男子漢正直剛毅的精神，這看在我們眼裡——該怎麼說呢，讓我們鬆了一口氣。我從未告訴過你，其實你父親在過世前三天，曾把我叫到床前，把你託付給我。他還特別囑咐他對你的期望。

「**我希望他成為了不起的男人。我是指，為人很了不起的人。**」

我把這句話清楚地寫在這兒。你要把這句話牢牢地記在心裡，千萬不可以忘記。我也把這句話牢牢地謹記在心，絕對不會忘記。我決定把許多話寫在這本筆記本，希望你將來會看到；我這麼做，也是為了不辜負你父親的囑託。

你也長大了，偶爾會認真思考這個社會和人的一生，所以談到這些事情的時候，我也不能再和你半開玩笑，應該認真地和你討論。

對這些事情有了不起的想法，才能成為了不起的人。

話雖如此，沒有人能簡單地用一句「這個社會是這麼回事，人活在社會上有這樣的意義」向你說明。好吧，就算有人能說明，關於這種事情，光聽別人說明，覺得自己懂了，也無法立刻吸收。我可以教你英文、幾何、代數；但是，我無法教你，人聚在一起組成社會、每個人在其中過著各自的人生，具有什麼樣的意義、有什麼樣的價值。等你自己慢慢長大成人的時候再好好學習，不，應該說等你長大之後也得繼續學習，靠你自己發現。

你知道水是由氧和氫組成的吧。你當然也知道，氧和氫的比例是一比二。像這種事情，我們可以用語言完全正確地說明，在教室看了實驗，一定會馬上點頭同意。然而，如果說到冰水有什麼味道，就只能由你親自喝喝看才能明白。不管別人怎麼說明，只有喝過的人才知道水真正的味道。同樣地，我們無法對天生眼盲的人描述紅色是什麼樣的顏色。唯有等到那個人有了視力，實際看到紅色，才能明白。人生也有許多這樣的事。

舉例來說，繪畫、雕刻、音樂的樂趣，也要親自品嘗才能了解。對於不曾接觸過卓越藝術的人，不管旁人再怎麼說明，終究無法讓他明白箇中趣味。尤其在這方面，光有眼睛和耳朵還不夠，必須張開懂得欣賞的心靈之眼和心靈之耳才行。而且，要張開心靈之眼和心靈之耳，必須實際接觸卓越的作品，深刻地感動過才行。想了解人活在世界上有什麼意義，更需要靠你實實在在地活著，在人生中扎扎實實地體會；如果自己不曾親自體會，再怎麼響叮噹的大人物也教不來。

當然，以前有許多偉大的哲學家和法師都曾留下蘊涵深刻智慧的話語。現在那些稱得上真正的文學家、真正的思想家的人，也都默默地苦心鑽研人生的問題。他們把自己的想法注入作品和論文中，即使不像法師一樣直接說教，他們筆下的文章其實也蘊藏著人生的智慧。

今後你得慢慢閱讀這一類的書籍，學習了不起的人的思想。不過，即便如此，最後的關鍵——小哥白尼，最後的關鍵依然在你自己。不是別人，就是你自己。你自己活著，憑著自己感受到的一切，才能了解那些偉人話語真正的意涵。學習人生絕對不能像學習數學、科學一樣，光靠讀書是無法明白的。

所以，最重要的是，**從自己真正的感受、真切的感動出發，思考其中的涵義**。當你心有所感、有什麼想法從內心深處湧現時，千萬不能有一絲敷衍。一定要想清楚，自己在什麼情況下、對什麼事情、有什麼感覺。這樣一來，你就會慢慢明白，自己在某個時間、某個地方受到感動，這種無法重複的唯一經驗，其實具有不限於那個時刻的意義。**這就是真正屬於你的思想**。說得艱深一點，就是時時從自己的親身體驗出發、誠實地思考；這件事情，小哥白尼，真的非常重要！如果在這方面有一絲敷衍，不管你想了、說了什麼看來了不起的事情，也都是假的。

我和你母親都與你早逝的父親一樣，希望你能成為了不起的人。我們最希望你對於這個世界、對於身為人活著這件事，有了不起的想法，而且實際上也能按照自己的想法活著。所以，我更加希望你能好好地聽進我現在說的話。

我和你母親都打從心底希望你能成為了不起的人，而不只是會念書、有禮貌、在老師和朋友眼中沒有缺點的中學生。我們的意思並不是希望你將來長大成人之後，成為無人批評、無可挑剔的人。課業成績好當然很好，沒禮貌當然不好，出了社會之後，當然希望你能過著不受人指指點點的生活；不過，這些都不是最重要的。除了這些，還有更重要的事。

你從小學到現在，已經在公民道德課學過許多。關於做人必須遵守什麼規範，相信你也已經有許多知識。當然這些規範都不容忽視，如果有人像公民道德課教的一樣，為人正直、勤勞、懂得自我節制、忠實盡責、有公德心、待人親切、節儉……那的確是個無可挑剔的人。這麼完美的聖人能贏得大家的尊敬，也值得大家尊敬。不過，接下來才是你必須思考的問題。

如果你在課堂上學到這些道德規範，覺得社會也認為這樣的人了不起，所以你就只按照老師說的話行動，按照老師教的規範生活——

小哥白尼，聽好了——這樣一來，你永遠都無法成為一個完整的人。當你還小的時候，這麼做就夠了。可是到了你這個年紀，不能只是這樣。**重要的不是世俗的眼光或其他，而是你自己必須從靈魂深處了解人到底是什麼地方了不起**。然後，必須激發自己的上進心，打從心底想成為了不起的人。好事就是好事，壞事就是壞事，逐一判斷好壞的時候，以及做你判斷的好事的時候，都得貫徹從你胸中湧現的熱切的情感。我並不是要模仿北見的口頭禪，不過你必須有「不管誰怎麼說」的決心。

如果你不這麼做，即使我和你母親期望你成為了不起的人，即使你自己也想成為了不起的人，恐怕你只能成為「看起來了不起的人」，不能成為真正「了不起的人」。世界上有許多人喜歡表現得讓別人覺得他們很了不起，這些人最在意別人怎麼看自己，總是忽略了真正的自己、原來的自己是什麼樣的人。我不希望你成為這樣的人。

所以，小哥白尼，我再重複一次，你必須珍惜自己的感受和深深感動的事。不要忘記這些事，而且要認真思考這些事的意義。

今天寫的內容對你來說或許太難了，不過，簡單地說，其實就是要累積各種經驗，認真傾聽自己內心的聲音。

現在請你再回想「炸豆皮事件」。

為什麼你這麼感動？

為什麼北見挺身而出的行為讓你這麼感動？

為什麼你看到浦川死命地拉住北見、阻止他教訓山口，會這麼感動？

還有，你認為浦川有點太軟弱，我也這麼認為。只要浦川夠勇敢，別人也不會欺負他。如果站在浦川的立場，還能鼓起勇氣反抗山口他們，這樣的人可說是英雄。雖然浦川並不是這樣的英雄，你也不該責怪他。像浦川這樣的人，得靠身邊的人展現寬大的胸襟多多擔待。更何況浦川還請北見原諒欺負他的山口，可見他心胸寬大，為人厚道。

3 牛頓的蘋果與奶粉

到了他們約定的星期天，秋高氣爽，天氣晴朗。

水谷和北見說好了，要提早吃午飯，然後一點鐘到小哥白尼家。小哥白尼從一早就靜不下心。

到了中午，小哥白尼和媽媽面對面吃飯的時候，他也一直心神不寧，不時留意玄關的門鈴是不是就要響了。偶爾夾菜放進嘴裡，偶爾攪著碗裡的飯，偶爾咀嚼著飯菜，眼光卻不停飄向柱子邊的大鐘。媽媽忍不住笑著說：

「靜下心來好好吃飯。從剛才開始，你已經看了幾次時鐘？連這次算在內，加起來已經十五次了。」

「妳胡說。」

小哥白尼微微臉紅地反駁。

「只看了十次左右。」

「看了十次還不算多嗎？哦，現在又看了！」

「才不是呢，我是看月曆。媽媽真狡猾。」

「竟然這麼說。好了好了，至少把茶喝一喝。這樣吃飯，一定消化不良。不必緊張兮兮，等一會兒他們就來了。」

吃完飯，再過二十分鐘就一點了。小哥白尼躺在客廳，看報紙上有關六大學聯盟比賽的評論。——再過十四分鐘就一點了。他看完了所有週日漫畫專欄。——再過十分鐘就一點了。他又讀了動物園訪問記。——再過七分鐘就一點了。

「唉，唉。」

小哥白尼終於丟下報紙，落寞地感嘆。

「他們到底在做什麼？」

媽媽聽了之後笑著說：

「你還真是等不及啊，到底是什麼樣的貴客要來，媽媽恐怕招待不起。」

時鐘的長針慢慢接近十二點的刻度。不久之後，喀擦，時鐘咚地響了一聲。一點了。小哥白尼決定要走到省線電車的車站看看。就在這個時候，玄關的門鈴在女佣房間響了起來。

小哥白尼急忙跑到玄關，看到北見就站在那兒。北見恰好在一點的時候抵達小哥白尼家，他對自己這麼準時感到很得意。過了大約十五分鐘，水谷也來了。

他們三人在二樓小哥白尼的房間玩到三點左右，撲克牌、鬥球盤（譯注：昭和初期的一種遊戲盤，類似小型撞球）、將棋、偵探家家酒……開心得不得了。以前只有水谷來，兩個人玩得再怎麼開心也很安靜，今天只不過多了北見一個人，就變得很熱鬧。他們有好幾次都笑得肚子痛。玩遍室內遊戲之後，小哥白尼說：

「要不要聽早稻田、慶應對抗賽的轉播？」

「你有唱片嗎？」

「不是，是收音機。由我來播報。」

「真的嗎？」

小哥白尼拆掉收音機的盒子，把收音機放在書桌上。接著，他把入浴紗巾包在頭上，蹲了下來。

不久之後，轉播開始了。

「……蔚藍的天空，天氣晴朗，風也停了，神宮球場沒有揚起半顆塵土。球場正後方的太陽旗微微飄動，今天真是適合打棒球的好日子。真是適合打棒球的好日子……」

「真厲害！」北見開口說道。

「城北之王，早稻田！城南之王，慶應！」

小哥白尼精神抖擻地繼續播報。

「兩雄之戰向來號稱棒球界之冠，至今已經有三十年歷史！今天這場比賽一定會讓全國數百萬的球迷為之瘋狂。母校的名譽、校友的期望、三十年的傳統，仔細想想，這場比賽……」

難怪小哥白尼自己提議要表演，果然有模有樣。

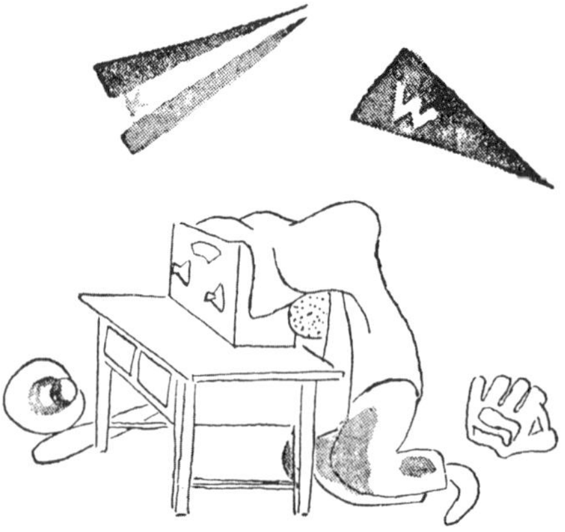

「……再過三十分鐘後，激烈的比賽就要開始。現在神宮球場已經陷入期待和激動的漩渦。從今天清晨開始，球場四周的觀眾席便已擠滿數萬名觀眾，到現在，已經連站著看球的空隙都沒有了。兩校的支持者遍布內外野的指定座位，擠得水洩不通。三壘這邊是慶應，一壘這邊是早稻田，兩邊各有管樂隊，在比賽開始前就已經士氣高昂……」

「選手還不出來嗎？」水谷插嘴。

「現在馬上轉播。」電台播音員回答。

「現在早稻田選手開始從一壘方向進場，早稻田選手開始進場了，所有選手都穿著灰色球衣。全場觀眾都站了起來！全場觀眾都站了起來！大家聽，觀眾席響起如雷的掌聲，早稻田的加油團站了起來，他們齊聲合唱，歡迎選手們進場。」

小哥白尼專注地以低沉宏亮的聲音唱起歌來。

蔚藍的天空，仰望太陽
光輝榮耀，秉持傳統

北見立刻加入小哥白尼，一起高聲歌唱。

閃耀的精銳部隊，燃燒鬥志
爭取理想的王位……

光靠兩個人扮演加油團可不輕鬆。北見也盡量拉大嗓門。

早稻田
早稻田
霸者，霸者，早稻田

「……緊接著，慶應從三壘方向進場了！由森田教練帶領慶應的選手們進場了。慶應的加油團也以合唱歡迎選手！大家聽，真是好聽的合唱。」

這次小哥白尼稍微改變風格，拉高聲調歌唱。

年輕熱血沸騰
我們充滿光輝

水谷也以他悅耳的聲音一起合唱。

希望的明星，在這兒抬頭
向勝利前進，我們的力量
時時如新
看啊，精銳……

電台播音員繼續轉播。
「兩隊現在開始練習。早稻田的選手在球場散開。現在練習自由揮棒。在此我們先向聽眾說明兩隊過去的戰績。明治三十八年……」
「不必報以前的戰績。」
北見說道。
「不介紹以前的戰績，聽起來就不像早慶戰了。」
電台播音員不平地反駁。
「還是別報了，快點轉播比賽比較好。」

「是嗎……好吧，那就先轉播比賽……」

電台播音員難得能夠炫耀自己的知識，卻錯失了機會，心裡感到非常惋惜，不過他還是依北見的要求播報。

「兩隊已經結束練習，準備就緒，比賽就此開始。由早稻田先攻，慶應已經就守備位置。慶應的投手楠本站上投手丘，面露笑容。早稻田一號打者佐武就打擊位置，比賽開始！」

小哥白尼突然發出怪聲。

「嗚——嗚——嗚——」

他想模仿比賽開始的哨聲。

比賽開始了。比賽進行的時候非常混亂。剛開始有幾局兩隊都沒有得分，到了第四局早稻田取得一分之後，每一局兩隊都有安打，都有得分。只要慶應得了一、兩分，北見就會說：

「搞什麼鬼，怎麼可能。」

這時候小哥白尼就會讓慶應失誤，讓早稻田得一、兩分。接下來輪到水谷抗議：

「慶應才不會犯下這種失誤。」

播音員小哥白尼要配合他們兩個進行比賽，非常辛苦。比賽注定是激烈的拉鋸戰，兩隊你來我往，贏了之後又被追過，最後進行到九局下半。早稻田守備，慶應攻擊，早稻田暫時領先一分。

「一壘、三壘有人！慶應的打者是隊長勝川！知名球員勝川，守備動作輕巧無比，打擊也肩負三棒的重責大任！兩人出局，三壘有跑者，這是靠安打得分的好機會！只要打一支安打，兩隊立刻同分。球數為一好三壞。老手若原說不定會故意投四壞球保送打者上壘，讓下一個打者出局。」

「不行！一定要把打者三振。」北見生氣地喊。

「若原已經站上投手板。他作勢要投第五球。投手投出，打者揮棒，球的方向很好！球遠遠地飛向左側，左外野手拚命後退、後退、後退。——啊，球飛過外野手了。球飛過左外野手的頭上，擊中觀眾席下方。三壘的跑者回到本壘得分！一壘的跑者也像兔子般快速跑壘，跑過三壘了，啊，回到本壘，得分！慶應獲勝了，慶應獲勝了，慶應獲勝了！勝川，扎實的三壘安打，讓慶應得了兩分，贏得比賽。嗚——嗚——嗚——」

哨子無法響到最後。北見站了起來，撲向小哥白尼。

「喂，播音員！閉嘴。」

北見語畢，出手從入浴紗巾上面壓著小哥白尼的頭。

「啊，不得了了，不得了了！」

小哥白尼在入浴紗巾裡面大叫。

「現在場內出現了暴徒。」

「你還不閉嘴！還不閉嘴！」

「暴……暴……暴徒偏袒早稻田。」

「你這傢伙！」

北見滿臉通紅，邊笑邊從上面壓著小哥白尼。小哥白尼被壓在下面，還是繼續說。

「暴徒……在干擾……轉播。播音員……現在……冒著生命危險為聽眾轉播！」

北見噗哧地笑了出來。小哥白尼想趁機站起來，結果兩人身體纏在一起，倒向書桌旁邊。收音機的盒子一震，眼看就要從書桌上掉下來，幸好水谷衝過來擋著。

北見鬆開手，小哥白尼拿掉頭上的入浴紗巾。兩人還倒在榻榻米上笑著。小哥白尼的頭就躺在北見肚子上，所以每次北見一笑，肚子的震動都會傳到小哥白尼的頭。

「啊，累死了。」

小哥白尼露出精疲力竭的樣子。北見也張開手臂，稍事休息。水谷也一邊啊啊叫，一邊躺到他們身邊。

他們三人靜靜地躺在榻榻米上一陣子。不須彼此交談，只要靜靜地躺著，就很快樂。

室外秋高氣爽。從拉開的紙門之間，透過走廊，可以稍微看到庭院的樹木圍繞著隔壁房子的屋頂，紙門的扶手後面，是一片蔚藍清澈的秋日天空。猶如薄薄棉花般的雲在空中慢慢變換形狀，緩緩地流動。小哥白尼聽著遠方省線電車駛過的聲響聽得入迷。

水谷和北見到了晚上才回去。

聽完電台轉播早稻田慶應對抗賽之後，三人到空地玩投接球遊戲，一直玩到傍晚。回來之後，大夥兒熱鬧地吃著晚飯，天色也逐漸黑了。就在這時候，舅舅恰好到家裡來，大夥兒又更熱絡地聊了起來，可惜水谷和北見還只是中學一年級生，不能太晚回家。聽到七點鐘響，兩人便離開小哥白尼家。舅舅和小哥白尼也出去送客。

那是個美麗的月夜。月亮剛升上來，從櫸木的粗樹幹旁露出光滑的臉。這是初十的明月。他們走過有重重籬笆的幽暗小徑，月光穿過排排櫸木，在黑暗中時而照亮他們四人的臉，時而消失無蹤。屋頂的瓦片彷彿打溼了般地發亮，夜露已深，不穿外套會有點冷。

抬頭一看，高高的櫸木樹梢已經葉落殆盡，枝頭在空中清晰可見。櫸木上方延伸的夜空透著令人震懾的深藍，如針尖穿透夜空的星星在高處閃著小小的光芒。

「真美啊。」

小哥白尼心想。如此澄靜的秋夜，令人不自覺地屏氣凝神，又想大口深呼吸。

他們四人緩緩地走過郊外寧靜的住宅區，朝著車站前進。距離車站附近的鬧區還有一段路。

水谷開口對小哥白尼說：

「你聽得懂剛才的話題嗎？關於牛頓的部分。」

「不懂。」

「真奇怪，到底是什麼意思。」

水谷說著說著，望向月亮。月光滿滿地照在水谷白淨的臉上。小哥白尼也抬起頭，眺望月亮。月亮倒掛在半空中，空氣中透著微妙的寂靜。小哥白尼突然想到，他們和月亮之間的距離非常非常遠。

有一股眼睛看不到的力量越過這麼遠的距離，從地球影響到月亮。

小哥白尼心中有股莫名的念頭，他轉向舅舅，開口說道：

「舅舅，可不可以說明剛才有關牛頓的故事？」

有關牛頓的故事，是剛才飯後吃水果時舅舅提到的。那時候

舅舅好像想起了什麼似的，一邊削蘋果一邊說。

「你們聽過牛頓和蘋果的故事吧。他看到蘋果從樹上掉下來，發現了萬有引力。——可是，為什麼看到蘋果掉下來會想到萬有引力，你們知道嗎？」

他們三人都不知道。舅舅又問了。

「你們不曾想過為什麼嗎？」

他們三人又靜靜地搖了搖頭。

「真的嗎？」

舅舅把頭一偏，剛好蘋果也削完了，果皮掉在盤子上。所以舅舅拋開牛頓的話題，先開始吃蘋果。

「這個蘋果好吃，是哪兒出產的？」

大夥兒開始比較青森和北海道的蘋果，水谷和小哥白尼也沒有機會再問舅舅。——直到回家的路上，水谷又想起這個問題。

聽到小哥白尼這麼說，舅舅也想起來了。

「對了，剛才話只說到一半。」

舅舅停下腳步，點了根菸，然後慢慢地邊走邊說。

「舅舅剛升小學的時候，某家報紙在過年的附錄送了一套三張的三色版油畫。一張是武烈天皇殺豬圖，另一張是孟子的母親剪掉織了一半的布教訓孟子的圖，還有一張是牛頓看著掉下來的蘋果的圖。當時我當然看不懂那三張畫的內容，所以姊姊——小哥白尼，我姊姊就是你媽媽——讀了三張畫的解說，再一一向我說明。那時候你媽媽已經就讀女中，比你們現在的年紀多了一、兩歲。總之她看得懂解說，所以讀完之後再轉述給我聽。那時候我覺得她真厲害。

「直到今天，我還是不知道為什麼報社要把那三張畫組成一套，不過當時聽了說明，還是能了解每張畫的意思。以前日本有位英勇的武烈天皇，當他去狩獵時，只踢了一腳就殺了一頭豬；中國的賢人孟子有位了不起的母親，她剪布是為了教訓兒子不該上課上到一半就回家，要他重新認真念書；偉大的學者牛頓看到蘋果掉下來，有了萬有引力法則這項重大的發現——這些內容就連小學生都聽得懂。其中又以武烈天皇的故事最容易懂。孟子的母親以剪掉織到一半的布比喻念書半途而

廢，這也很容易明白。可是，就只有牛頓的故事不一樣。只要更進一步想想『為什麼』就會發現，糟了，根本想不出來。

「聽了姊姊，不，是你媽媽的說明，等她講完牛頓的故事，我問了『為什麼』。她也不知道該怎麼回答，於是對著就讀小學一年級的我，開始說明地球和月亮、地球和太陽、許多行星之間的關係。我到現在都還記得，她拿出橡皮球和乒乓球，不斷向我說明『這是我們住的地球，這是月亮，然後這兩個球會這樣』之類的話，但我畢竟只是國小一年級的孩子，她這麼用心說明，似乎沒什麼效果。我也似懂非懂，懷著疑惑的心情聽她說。最後她露出束手無策的表情，告訴我『這對你來說還太難，等你長大一點就會明白』，結束了當時的對話。

「剛才吃蘋果的時候，不，削蘋果的時候，我又想起這段往事。」

「後來舅舅到什麼時候才明白？」

小哥白尼問道。他心裡想著：不知道舅舅到我這個年紀的時候是否已經明白了。

舅舅繼續說。

「這就難說了。上了小學高年級，我大致勉強了解當初你媽媽費盡心思解說卻沒有成功的事，例如地球和月球的關係、太陽系等等；上了中學，又學到許多相關的知識，有了完整的基本常識。可是我依然不懂，為什麼牛頓看到蘋果掉下來，會發展出萬有引力的觀念。即使我大致了解萬有引力是什麼，大致了解天體的運動，我心中的疑惑依然沒有得到解答。」

「到底什麼時候才懂了？」

小哥白尼不停追問。舅舅回答道。

「雖然舅舅心裡感到疑惑，卻沒有那麼認真地找答案。一直到我上大學，這個疑問都還放在心裡。」

「大學？」

小哥白尼睜大了眼。北見也笑了出來。

「是啊，直到上大學都還不懂。那時候只是模糊地想著，時間也很快就過了。也許當時牛頓正在沉思物理學的問題，蘋果突然掉了下來，打破周遭的寧靜，牛頓吃了一驚，回過神來，偉大的靈感就像閃電般地浮現在腦海。」

「難道不是這樣嗎？」

輪到北見發問了。

「嗯，其實根據專家所說，牛頓從蘋果聯想到萬有引力的故事究竟是真是假，依然可疑，所以我也不知道實際上到底是怎麼一回事。不過，我上了大學之後，曾經問過理學院的朋友，那位朋友告訴我牛頓腦中的想法可能是怎麼變化的。我聽了他的說明，才覺得恍然大悟。」

「他怎麼說？」

「我們也聽得懂嗎？」

小哥白尼和水谷你一言我一句地問道。舅舅慢慢地抽了口菸，繼續往下說。

「應該聽得懂。蘋果突然掉下來的時候，一定有某個想法閃過牛頓腦海，不過關鍵在於接下來的推論。

「蘋果或許是從三、四公尺高的地方掉下來，牛頓心想，如果蘋果從十公尺高的地方掉下來會怎麼樣。從四公尺變成十公尺，當然沒有什麼不同，蘋果還是會掉下來。如果是十五公尺呢？還是會掉下來。如果是二十公尺呢？當然還是一樣。一百公尺，兩百公尺，逐漸增加高度，直到幾百公尺，蘋果依然會遵守重力法則，掉到地上。

「可是，如果不斷增加蘋果的高度，超過幾千公尺、幾萬公尺，高到月亮的高度，蘋果還會掉下來嗎？——只要有重力，蘋果當然應該會掉下來。不只蘋果如此，任何東西都應該會掉下來。可是月亮呢？月亮並沒有掉下來。」

這次小哥白尼、水谷和北見都不說話了，靜靜地等舅舅往下說。他們已經走過櫸木群，來到空地邊的道路。月亮掛在空地對面兩層樓高的住宅上方，依然默默地看著他們。

「月亮不會掉下來。——這是因為地球拉著月亮的力和月球轉動時要往外飛的力正好互相平衡。對了，天體和天體之間有引力的想法，並不是牛頓最早提出的。早在克卜勒的時代，就已經認為星星和太陽之間有引力，所以星星會繞著一定的軌道轉動；這比牛頓的時代早了許多。另外，伽利略落體法則已經提到沒有支撐的物體會掉落，這也是在牛頓之前大家都知道的事。

「那麼，牛頓到底發現了什麼？他把對地球上的物體作用的重力和天體間作用的引力結合，證明這兩種力是同性質的力。所以，問題在於**他怎麼會想到可以連結這兩種力**。」

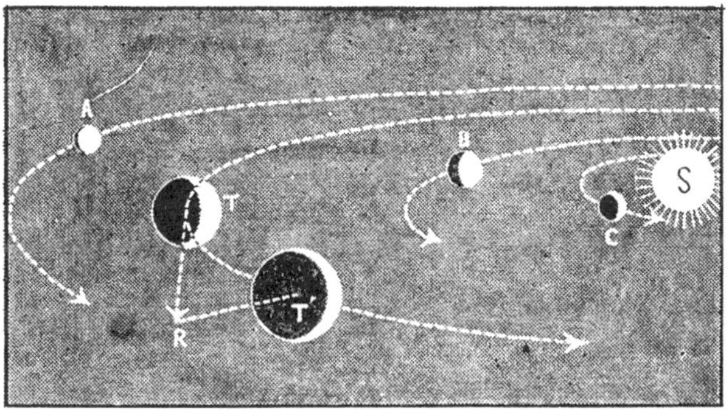

重力和萬有引力：行星靠著太陽的引力，才能沿著一定的軌道繞太陽轉動，這個力是重力。換句話說，這和把所有物體吸往地球表面的力是同性質的力。如果太陽沒有引力，行星T位朝著R方向前進；不過，實際上行星會來到T' 的位置，代表行星朝著S的方向從R掉到T'。

舅舅說完，抽了口菸，彈掉菸灰，又繼續說道。

「正如我說的，牛頓看到蘋果掉下來，想像蘋果原本的位置越來越高，高到和月亮一樣高。本來重力法則可以套用在地球上的物體，可是只要把掉落的物體原來的位置設定得離地面越來越遠，遠到像月亮一樣遠，該物體和地球的關係就不再是地上的關係，而是牽扯到宇宙的問題，也就是天體和天體之間的關係。

「這麼一想，小哥白尼，天體之間作用的引力與對落體作用的重力會在腦中聯結，就變得很自然了。牛頓發現這兩種力可能是具有同樣性質的力，也猜想自己能證明這件事，所以開始著手研究。

「後來，他開始計算月球和地球的距離、對月球作用的重力和地球的引力等等，經過長時間苦心鑽研，終於成功證明萬有引力。於是，在浩瀚無垠的宇宙運轉的星體運動、從小草上滴落的露珠的運動，都能以同樣的物理學法則來說明了。換句話說，同樣的物理學可以用來說明宇宙和地球上的事物。在學問的歷史上，這當然是非常偉大的創舉……」

舅舅說完，丟掉菸蒂。紅色的火星畫出了一道拋物線，在黑暗中熄滅。

「小哥白尼，懂了嗎？」

小哥白尼沒有說話，靜靜地點頭。北見和水谷也不說話。他們三人都不知該如何表達自己現在的心情。這時候舅舅又開口了。

「牛頓了不起的地方，不只是他想到重力和引力的性質可能相同，而是從他有了這個想法之後，付出非常多的心血和努力，確認自己的想法正確。這是一般人很難做到的。

「不過，假如沒有剛開始的想法，也不會有後續的研究，所以他腦中閃過的想法當然也很了不起。

「話說回來，當初我聽了朋友的說明之後，深深感到意外，原來這麼偉大的想法來自這麼簡單的地方。你們說對不對？牛頓只是把從三、四公尺高的地方掉下來的蘋果，在自己腦中假設從更高、更高的地方掉下來，想到最後就碰撞出驚人的大發現了。

「所以，小哥白尼，理所當然的事物其實並不單純。即使是自己覺得已經完全明白的事情，如果順著同樣道理一直延伸思考，最後會碰到並不明白的事。這種情況不只出現在物理學……」

月亮已經升得很高，它依然從遠處公共澡堂煙囪的斜上方，靜靜地看著他們四人。廣大無邊的夜空在頭上延伸，星星不停閃爍。在這樣的夜晚思考遠方天體的世界，讓人覺得自己好像要消失在大氣中。

他們沐著藍色月光繼續走。路面的小石頭浸著月色，發出美麗的亮光……

過了一會兒，舅舅和小哥白尼兩人沿著同樣的路，腳步急促地往回家的方向走。剛才他們送水谷和北見到車站之後，又一起走回家。夜晚沁涼的空氣透入身體。他們兩人幾乎都沒有說話。月亮依然高掛天空，不怒不笑也不嘆息，恬靜地穿過屋頂，穿過電線桿，繞過櫸木枝幹，陪伴他們兩人的步伐前進。

到了小哥白尼家門口，舅舅停下腳步說：

「我先回去了。」

兩人互相道別。

「舅舅，晚安。」

「嗯，你也早點睡。」

過了五天——也就是星期五——發生了一件稀奇的事。舅舅收到小哥白尼寄來的長信。

信的內容如下。

舅舅：

本來打算下次見到舅舅的時候再說，後來又覺得寫信比較好，所以動筆寫了這封信。

我有一項新發現。多虧舅舅講了牛頓的故事，我才有這樣的想法。不過，假如我自己說我有什麼新發現，大家一定會拿我開玩笑，所以我只告訴舅舅。希望你先別告訴媽媽。

我稱呼自己的新發現爲「人類分子的關係、網狀法則」。剛開始我把它取名爲「奶粉的祕密」，但是這聽起來好像少年雜誌的偵探小說似的，所以決定改名。希望舅舅能幫我想個更好的名稱。

我還不知道該怎麼好好說明自己的新發現，不過，只要按照我思考的順序說明，舅舅應該也能明白。

剛開始浮現在我腦中的是奶粉。就是因爲這樣，我才擔心大家聽了我的新發現會拿我開玩笑。我也希望能想出聽起來更酷的東西，可惜自然而然就想到了奶粉，我也沒辦法改變。

星期一晚上，我在半夜醒了過來。我因爲作了夢才醒過來，卻忘了自己夢見什麼。醒了之後，不知道爲什麼，我開始思考「奶粉罐」的問題。我們家拿來裝仙貝、餅乾用的那個大奶粉罐。我想起媽媽曾經說過，在我嬰兒時期，媽媽的母奶不夠，所以我每天都喝奶粉泡的牛奶。留下奶粉罐是為了紀念那個時期。當時我回答，這麼說來，澳洲乳牛也算是我媽媽。因為奶粉是在澳洲生產的，奶粉罐上也畫著澳洲地圖。我從夢中醒來之後，在床上想起這件往事，然後開始想像許多澳洲的事物。牧場、乳牛、土著、奶粉大工廠、港口、汽船、還有其他許多東西，一個接著一個。

那時候我想起牛頓的故事。舅舅說，牛頓想像原本從三、四公尺高掉下來的蘋果改由更高的地方掉下來，越想越遠，最後想到了偉大的發現。所以我也想，如果我不斷思考和奶粉有關的事物，越想越遠，不知道會有什麼結果。

我在床上從澳洲乳牛開始，想到奶粉進入我嘴巴那一刻為止。沒想到我這麼一想，沒完沒了，連我自己都覺得不可思議。有非常多人出現在這一連串的過程，我來試著寫寫看。

一、奶粉抵達日本之前

乳牛、照顧乳牛的人、擠奶工人、把牛奶運到工廠的人、在工廠把牛奶做成奶粉的人、把奶粉裝罐的人、把奶粉罐裝箱的人、開卡車或以其他方式把箱子運到火車站的人、把箱子搬上火車的人、駕駛火車的人、從火車運貨到港口的人、把貨搬到汽船上的人、駕駛汽船的人。

二、奶粉抵達日本之後

從汽船卸貨的人、把貨堆進倉庫的人、看守倉庫的人、批貨轉賣的商人、登廣告的人、零售奶粉的藥局、把奶粉罐送到藥局的人、藥局的老闆、年輕小夥子、年輕小夥子把奶粉拿到我們家廚房。（我明天晚上再繼續寫。）

（續）我發現奶粉是從澳洲經過了很長很長的接力才來到我嘴邊。如果包含建造工廠、火車和汽船的人，也許有幾千幾萬人，總之有非常多人會和我有所關連。不過，我就只知道我家旁邊的藥局老闆，其他人我統統不認識。對方一定也不知道我是誰。我眞的覺得怪怪的。

後來，我躺在床上，想了調暗的電燈、時鐘、書桌、榻榻米、房間裡其他的東西，一個接著一個。我發現所有東西都和奶粉一樣，有數不清的人在背後彼此相連，不過這些人都是我看不到的，根本無法想像他們長什麼樣子。

當天晚上我又想了許多東西，後來覺得睏，又睡著了，所以忘了自己想過什麼。不過到了隔天，我至少還記得剛才提到的東西。我認爲這是一項新發現。以前我從來不曾思考過，這次想了想，發現所有東西都一樣。我在上學的途中、到了學校之後，不管眼前看到什麼，都拿來想一想，結果所有東西都一樣。有數不清的人在背後彼此相連，這個道理不僅適用於我用的東西。我在教室也仔細思考了老師的衣服和鞋子，結果還是一樣。老師的衣服是從澳洲的羊開始的。

所以，我認爲人類分子都在不知不覺中，和自己不曾見過、互不相識的許多人像網子一樣互相連結。所以我把這個特性稱爲「人類分子的關係、網狀法則」。

我現在把這個想法應用在許多事物上，實際檢驗自己的想法沒有錯。今天我發現柏油路也一樣。還有，上數學課的時候，我想著老師的頭髮和鬍子與理髮店的人相連，結果被老師訓了一下；我已經很久不曾上課分心了。不過，我認爲，爲了自己的新發現，挨老師罵也只好忍耐。

我還想繼續寫，不過媽媽叫我快去睡覺，所以就先報告到這兒。舅舅，你是第一個聽到我的新發現的人。

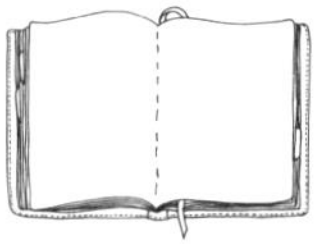

舅舅的筆記本

人與人的連結——此外，關於什麼是真正的發現

小哥白尼：

謝謝你讓我比世上任何人更早知道你的新發現。我想趕快回信，不過明天我就要到你家去了，到時候見了面再說吧。不過在我們碰面之前，我想把自己讀了你的信之後的想法寫在這本筆記本。這樣一來，日後你有機會讀到這本筆記本時，就能再次回想起自己的新發現，思考我所說的話。

我讀了你的信，打從心底感到佩服；這可不是客套話。能夠自己思考這麼深入，真是了不起。我在你這個歲數時，根本不曾想過這樣的事。我上了高中之後才清楚思考過你所發現的這些事，而且不是靠我自己想，而是因為看了書，書上這麼寫。

不過，讀了信之後，我也希望你思考一些事。接下來我就告訴小哥白尼老師其中一、兩項。

你在信上說，希望我想想有沒有比「人類分子的關係、網狀法則」更好的名稱。我知道有一個好名稱，不是我想的，而是現在經濟學和社會學使用的名稱。小哥白尼，其實你發現的「人類分子的關係」是學者口中的「生產關係」——人為了生存，需要很多東西，所以必須使用自然界的諸多材料，製作各種東西。即使只是取得自然界的材料之後直接穿或直接吃，還是得狩獵、打漁、開山墾地，總之得工作才行。從未開化的時代起，人就一直互相合作、分工，不斷地工作。唯有這麼做，才能生存下去。學者將這種人與人互為夥伴的關係稱為生產關係。

剛開始人在地球上不同角落聚成少數的群體一起生活，所以互助分工也只限於狹小的範圍。在以前的時代，可以清楚看到哪些人賣命工作才做出自己吃的、穿的東西。當時應該大家彼此都是熟面孔，製作的東西也很簡單，更何況狩獵打漁時一定是所有人成群結隊一起努力，所以不必想太多就能知道自己有吃的、有穿的應該要感謝誰。

然而，過去小聚落的夥伴容易彼此以物易物、互相介紹，後來人類共同生活的範圍逐漸變大，人的聚落規模也越來越大，最後開始建立國家。到了這個階段，互助分工的規模很大，關係變得複雜，即使看到自己吃的、穿的東西，也不知道背後有哪些人在為這些東西工作。負責製作這些東西的人也不知道最後哪些人會吃到、穿到自己生產的東西。這些人只是藉由工作生產，換得自己和家人需要的東西，或者賺取可以買必需品的金錢報酬；既然這才是他們工作的目的，對他們來說，最後哪些人會吃到、穿到自己製作的東西，其實並不重要。

後來時代更進步了，商業發達，國與國之間開始有貿易往來，人類的夥伴關係更加錯綜複雜。舉例來說，中國的農民為了賺錢，養蠶取絲，賣掉的蠶絲最後成了羅馬貴族的服飾。發展到這種程度之後，就不只需要製

作物品的人，還得靠非常多人互助分工才能運送物品，逐漸發展出越來越多的分工。就這樣，世界各地慢慢地彼此連結，直到現在，整個世界猶如一張網緊密交織。

到了今天，日本的絲線公司採收蠶絲、紡織公司生產棉花，都不是為了讓日本人有用不完的絲綢和棉布。這些公司也不會先滿足日本人的需求，再把剩餘的產品賣到國外。他們都是從一開始就瞄準外國市場，進行大規模生產。換句話說，這些公司以人類社會遍布全世界的連結為基礎，在這樣的基礎上規畫工作。印度和中國的幾億人口需要日本的棉布和雜貨，日本人的生活也需要澳洲的羊毛和美國的石油。

人為了得到生活必需品而不停工作，經過這麼長的時間，不知不覺地彼此交織成綿密的網。正如你注意到的，只要仔細思考，就會發現素昧平生的人之間已經有密不可分的關係。沒有任何人能脫離這樣的關係。世上當然有些人什麼都不生產，但就連這些人都處於人與人的網狀關係中。為了生存，他們不可能完全不穿衣服、不吃東西，所以一定得和人類之網相連才行。那些不工作也能生活的人，也會和人類之網形成特別的關係。——下次我再找機會說明相隔遙遠的國家居民之間有多麼密切的關係，總而言之，人與人之間有剛才說明的關係，學者稱之為「生產關係」。換句話說，你從奶粉開始思考，自己發現了生產關係。

等你長大之後一定得學習的學問當中，包含經濟學和社會學。這些學問從人類建立生產關係共同生活的角度出發，研究諸多問題，例如生產關係隨著時代如何改變、衍生出什麼樣的風俗習慣、生產關係按照什麼法則運作。所以，你的新發現是這些學問領域研究問題的出發點，其實是專家早已明白的事。

聽我這麼說，你應該很失望吧。你或許會覺得，自己好不容易才有這個新發現，竟然是別人早已知道的事，實在沒意思。不過，小哥白尼，千萬不要失望。沒有人教你，你就自己發現了，這真的很了不起。即使這是某些學問領域早已知道的內容，我依然很佩服你。在你這個年紀，要想問題想得這麼深入，實在不容易。

不過，你必須思考的問題是：**什麼樣的發現才真正對人類有益**、

值得世人尊敬？重點不僅在於你是第一個發現的人，必須在你有了新發現的同時也代表人類第一次有了新的領悟才行。

不管是什麼樣的人，一個人的經驗畢竟有限。可是，人懂得語言，所以能把自己的經驗傳承給其他人，也能聽聞別人的經驗。加上人類發明了文字，可以透過書籍，分享彼此的經驗。大家可以比較許多人在許多情況下的經驗，從各種角度統整這些經驗。盡量從各種不同角度，以互不矛盾的方式，統整人們廣泛的經驗，這就是學問。學問可說是彙整人類過往經驗的結果。人類懂得從過去的世代承接經驗，再累積新的經驗，才能從和野獸同等的狀態不斷進步到今日的狀態。如果每個人各自從和猿猴一樣的階段出發，恐怕人類永遠只能和猿猴一樣，不可能達到現在的文明水準。

所以我們必須盡量修習學問，學習人類過去的經驗，否則不管我們再怎麼努力，也沒有意義。過去人類不斷發展，才能進步到今天這樣的程度；以後為了尚未解決的問題，也得繼續努力。在這樣的基礎上有了新發現，這個新發現才稱得上人類的新發現。只有這樣的發現才算是偉大的發現。

談了這麼多，就算我不說教，你應該也已經了解讀書有多麼重要。如果你想要有偉大的發現，現在這時候，首要工作就是努力讀書，登上今日學問的頂端。然後，在學問的頂端繼續努力工作。

然而，想要爬上學問的頂端工作，不，為了要爬上頂端——小哥白尼，請你牢牢記住——**你必須保有夜半醒來之後對自己的疑問追根究柢的精神**。

最後還有一件事。

只要瀏覽一下你生活中所用的必需品，就可以發現，**所有事物的背後都有數不清的人在努力工作著**。然而，他們全都是你不曾見過的人。你說，你覺得怪怪的。

世界這麼大，我們當然不可能認識所有人。不過，你吃的、穿的、住的——為了製作你需要的一切而辛苦工作的人，以及靠那些東西活著的你，如果真的是毫無瓜葛的陌生人，那麼的確如你所說，實在很奇怪。

雖然很奇怪，可惜這就是世界的現況。人類彼此交織構成綿密的網，包覆整個地球，但是人和人之間的關連還稱不上真正的人與人之間的關係。所以，即使人類已經進步到這種程度，依然紛爭不斷。在法院，每天都有人為了錢打官司；國家之間有了利害衝突，也動輒發動戰爭。你所發現的「人類分子的關係」就像字面的意思，僅止於物質的分子和分子的關係，還不算人與人之間的關係。

可是，小哥白尼，不必我說你也知道，**人必須活得像人。人活在不像人與人之間的關係當中，實在可惜。即使面對「毫無瓜葛的陌生人」，也應該建立像人的關係。**——我這麼說，當然不是要你現在立刻採取什麼行動。我只是希望等你漸漸長大，能開始認真注意這樣的事。這是人類進步到現在的階段還未解決的問題之一。

那麼，真正的人與人之間的關係是什麼樣的關係？

——你母親為你付出，並不求回報。為你無私地付出，你母親就會感到快樂。你為好朋友做事的時候，同樣不需任何報酬，就會很開心。人與人發自善意為彼此付出而感到喜悅，是最美好的事。而且，這就是真正的人與人之間的關係。——小哥白尼，你應該也同意吧。

4 貧窮的朋友

運動場上開始每天吹著冷颼颼的風，棒球季已經結束了。大家開始熱中於室內足球，冬天終於到了。

十二月初，天氣連續暖了四、五天，靠在朝南的校舍牆上曬太陽，還會讓人暖和地昏昏欲睡。暖洋洋的日子持續了十天，天氣突然又冷了起來。每天空中都覆滿像舊棉花般的雲朵，寒氣徹骨。應該快下雪了。第二學期的期末考也快到了。

教室裡開始點起了暖爐。從寒冷的運動場走進教室，暖空氣迎面撲來，過了不久身子暖和起來，睡意襲人！即使不是浦川，也會忍不住打瞌睡。當然浦川打瞌睡的程度最引人注意。就連小哥白尼偶爾都會看見，浦川睡著時搖頭晃腦，被自己嚇醒了，就又趕緊把頭抬起來。

常打瞌睡的浦川不知道怎麼了，接連曠課兩、三天。平時從後面可以看見浦川圓圓的背部，現在座位卻一直空著。小哥白尼不知怎地有點掛念。到了第四天、第五天，依然不見浦川的蹤影。

「可能是感冒了。」

小哥白尼心想。如果班上有人缺課三天，通常交情好的朋友會去探病，大家也能因此了解病況，但是浦川沒有交情好的朋友會主動去探望他。小哥白尼也注意到這一點，所以突然想去看看浦川。

星期六下午放學後，北見衝到小哥白尼面前，邀他一起去踢足球。

「今天絕對不能輸給乙班。上次其實也不該輸的。」

北見鬥志高昂，可是小哥白尼早已打算要到浦川家，所以不像平時一樣附和北見。

「我今天有其他事要忙。」

小哥白尼回答。北見很失望，不斷地說「來嘛，你不來，球賽多無聊」。聽到北見這麼說，小哥白尼也猶豫了起來，但是後來他還是按照原本的計畫，決定到浦川家去，狠下心來和北見道別，一個人離開了學校。

天空澄靜晴朗，午後雖有陽光照耀，冷風依然颼颼地吹。

小哥白尼在小石川某間大廟前面下了車，走到新的大馬路，然後往右爬上坡道，來到廣大的墓地。從墓地前面的坡道下面往左，終於來到汽車剛好可以進入、狹窄擁擠的街道，聽說浦川家就在右邊。小哥白尼的父親就葬在坡道上面的墓地，所以他來過這兒附近幾次，不過今天是他第一次踏上這條狹窄的街道。

魚攤、菜販、烤番薯店、米店、雜貨店——一間半到兩間寬的小店緊鄰彼此，並肩排在狹窄街道的兩邊。所有的店都很矮又略顯陰暗，大人隨手就能摸到店鋪的遮陽板；可是整排建築都是兩層高的長屋，所以房子之間的街道更顯得陰暗潮溼，小哥白尼覺得自己彷彿鑽進了隧道。街道上很熱鬧；穿著圍裙的老闆娘、背著小孩的婦人來來往往，腳穿橡皮長靴的年輕小夥子騎著腳踏車穿梭其中。衣服骯髒的小孩玩打鬥遊戲，突然衝到街上。人聲鼎沸的空氣中，瀰漫著奇怪的氣味。

小哥白尼一邊走一邊注意看右邊。肉店的胖老闆明明是個男人，卻穿著圍裙站在店門口，不斷地炸食物。店面吊的紙上寫著炸豬排十錢、炸可樂餅七錢。隔壁的鯛魚燒店老闆也在幾個小朋友面前烤著鯛魚燒。再往旁邊看——是豆腐店，招牌上斗大的油漆字寫著「相模屋」。這兒就是浦川家。（譯注：錢是日本早期的貨幣單位之一，一日圓＝一百錢。）

店門口站著兩、三個像老闆娘的人。小哥白尼不知該以什麼身分進去店裡，所以只好在外面站了一會兒。

在店裡招呼客人的是頭髮梳成髻、年近四十的壯碩老闆娘，她也穿著圍裙，露出手肘。商店街到處都有人穿圍裙。這位老闆娘的圍裙已經快裂開了，勉強圍著她的身子。她胖得像是相撲選手似的，臉色紅潤，氣色很好。

「冷豆腐一塊。」

老闆娘以男人般宏亮的聲音喊了一聲，把豆腐放進塗成藍色的鍋子，遞過來。小哥白尼眼前的老婆婆把鍋子接著，包進布巾，然後冷得縮著身子走了出來。

「下一位，炸豆皮兩塊。」

老闆娘又以宏亮的聲音喊了一聲，再把炸豆皮放進報紙裡，從年輕婦人手上接過銅板。這時候她好像看到了小哥白尼，一邊把銅板嘩啦嘩啦地放進錢筒，突然開口向他打招呼。

「小夥子，有什麼事嗎？」

小哥白尼沒有料到有人會突然大聲對自己說話，不禁慌了手腳。

「呃……請問浦川在嗎？」

老闆娘有點驚訝地低頭看了看小哥白尼，好像明白了什麼，大大地點了兩、三次頭。

「哦，是我們家小留的朋友啊。我還以為你是哪戶人家派來跑腿的小孩。他在家，他在家。」

她邊說邊回頭往店裡面看，大聲喊道。

「小留，你朋友來了。」

店裡微暗的地方有個人背對外面，忙著幹活，聽到老闆娘的聲音，驚訝地往這兒看。那個人就是浦川。

「哦，是本田同學。」

浦川邊說邊走了出來，小哥白尼看到浦川的模樣，不自覺地目瞪口呆。就算這條商店街到處都有人穿著圍裙，怎麼連浦川都和他們一個樣，也穿著圍裙？圍裙下面是他招牌的寬鬆長褲，腳上則是草編拖鞋。小哥白尼望著手拿長竹筷的浦川，不自覺地瞪大了雙眼。

「你沒生病？」

「……」

浦川畏畏縮縮，沒有回話。老闆娘代替他回答。

「不是他生病，是店裡的伙計感冒了。他爸出門不在家，人手不足，所以讓他缺課在店裡幫忙。店裡實在很忙，所以假單寫好了還放著沒交……沒想到你還專程跑來。快，快進來。」

小哥白尼和浦川往店裡走，坐在穿脫鞋子的階梯上。老闆娘吆喝了一聲，把銅製火爐移到小哥白尼旁邊，泡了茶。不過老闆娘可沒有時間坐下來休息。馬上又有客人上門了。

雖然小哥白尼和浦川並肩坐在一起，卻不知該說些什麼，所以他只是邊吹氣邊喝茶。浦川剛開始也畏畏縮縮的，不久之後才支支吾吾地說道：

「你稍等一會兒，我得把豆皮炸完……」

說完便站了起來。

店裡的角落有個大灶，熱油在鐵鍋上滾著。

「馬上好，只要把這些炸完就好了——」

浦川說完，拿竹筷指著身旁的平台。平台上有四、五塊切成薄片的豆腐。他得把豆腐薄片輕輕地放進鍋子，不能讓薄片破掉，等炸好了再拿竹筷夾起來。小哥白尼現在才知道炸豆皮其實是炸豆腐。

「現在炸完，才能趕得及傍晚賣。」

浦川一邊盯著鍋子一邊說。接著，他以熟練的手勢整理鍋子裡的炸豆皮。拿長竹筷夾起炸好的豆腐，稍微甩一下手，把油甩掉，再隨手堆到旁邊鐵絲網上。然後，在等下一片豆腐炸好之前，以筷子尖端輕巧地把鐵絲網上的炸豆皮放橫、疊好，有時候以筷子中央輕壓。炸好的炸豆皮就這麼規規矩矩地排列整齊。

「哇！」

小哥白尼在心裡讚嘆。他從來不曾想過，浦川什麼運動都做不來，卻能這麼靈活地使用長筷子。站在油鍋前的浦川看來根本是個生意人，流露出已經征戰棒球聯盟五、六年的投手站上投手丘時熟練的沉穩。

「哇！」

小哥白尼忍不住出聲讚嘆。

「你真厲害！」

浦川露出獨特的笑容，雖然尷尬，又帶點得意。

「你練習了多久？」

小哥白尼問道。

「練習？」

「是啊，你的動作這麼靈活。」

「我才不練習，只是偶爾幫媽媽的忙。不過，你想想，一片炸不好，就損失三錢，所以當然會盡力……」

炸完剩下的四、五片之後，浦川吆喝：

「媽，炸完了。」

「哦，辛苦了，辛苦了。」

老闆娘體型富態，卻踩著小步子跑過來，手墊溼抹布提起鍋子，使勁兒地把鍋子從火爐移開。力氣真大——小哥白尼又感到佩服。浦川脫下圍裙，拿起旁邊的報紙擦手。小哥白尼眼前終於又是他在學校看慣了的浦川。

「小留，你應該有很多事想問同學吧，帶他到你房間。」

老闆娘對浦川說。浦川又扭扭捏捏，老闆娘以宏亮的聲音對小哥白尼說：

「小夥子，跟他到房間去。他很擔心學校的事……家裡很亂，實在不好意思，不過偶爾看看這樣的家庭也好。小留，快帶他進房間。你看那麼多好人家，應該都看煩了吧。」

浦川和小哥白尼脫了鞋，從後面的老舊梯子往樓上爬，來到浦川的書房。

那是間三塊榻榻米大的、朝北的簡陋房間。

窗子嵌著毛玻璃，只有最上層的玻璃窗是透明的。從那兒可以瞥見如鋼冷冽的冬日藍天。窗外可以聽見風聲呢喃，玻璃窗不斷地喀喀震動。

窗前的小書桌上放著書、筆記本，還有小哥白尼曾經看過的浦川的書包。兩人在書桌旁鋪了薄薄的坐墊，面對面坐下來。兩人分別從瓷暖爐兩邊伸出手。浦川的手有很多地方凍傷了，食指關節有個很大的傷口。

「什麼時候開始期末考？」

浦川問道。

「十七號。」

「已經公布日程表了嗎？」

「還沒。——不過，大家都說下星期一就會知道了。」

浦川聽了，顯得憂心忡忡。

「英文課上了幾頁？」

「到第十六課最後。」

「數學呢？」

「今天開始教比例了。」

國語呢？歷史呢？地理呢？自然科學呢？浦川急切地一科一科問，關心自己曠課期間的進度。小哥白尼翻開浦川的教科書，告訴他每一科上課上到哪兒。浦川在書上作記號，然後反覆地數著有幾頁。浦川看起來實在太擔心了，小哥白尼忍不住覺得同情。

「你放心，就算五天不上課，也能立刻追上。」

「是嗎？我白天根本沒時間讀書，到了晚上又睏了……」

「不過，現在上的內容很簡單，只要有空念一點、有空念一點就行了。」

「那是因為你聰明。」

浦川一邊說一邊落寞地笑了。平時他總是天還沒亮就起床，家裡所有人在做豆腐時，他也一起幫忙，工作完了之後再急忙趕到學校。所以每到了中午，睡意襲來，總是一不小心就在課堂上打瞌睡。現在爸爸不在，店裡的伙計又生病了，他只能帶著剛來上班對什麼都不熟的年輕人，和媽媽一起維持店裡的生意，工作量是平時的三倍多。浦川還是小孩，沒什麼力氣，但是他了解工作的步驟；要訓練剛來上班的年輕人，也得靠浦川。然而考試快到了，自己進度落後；可憐的浦川一想到學校的事，就覺得忐忑不安。

「你什麼時候才能去上課？」

小哥白尼也擔心了起來。

「只要爸爸回來，我馬上就能去上課，只不過——」

「你爸爸暫時還不能回來嗎？」

「不知道。其實應該前天就回到家了——」

小哥白尼問浦川，他爸爸到哪兒去、為什麼延後回程日期。浦川語氣凝重地說明了情況。

按照浦川所說，他爸爸回去故鄉山形縣老家辦事。那兒也是浦川媽媽出生的故鄉，浦川也有很多伯父伯母之類的親戚還住在那兒。小哥白尼覺得，浦川家的店名是相模屋，故鄉卻在山形縣，實在奇怪（譯注：因爲「相模」是地名，位於神奈川縣）。浦川說明，那是因為他爸爸獨立開了這家店的時候，直接沿用以前工作地點的店名。

爸爸去辦事，其實是去籌錢。浦川也不知道要籌幾百圓或幾十圓。他也不知道為什麼爸爸需要這筆錢，總之，爸爸現在急需用錢，所以特別趕到積雪已深的山形縣鄉下老家，找伯父們商量。回程延後，一定是因為籌不到錢。浦川只知道這麼多，就因為他除此之外什麼都不知道，所以心裡更覺得不安。浦川說著說著，臉上不時閃過在他這個年紀不該有的、猶如大人般的陰霾。

「不過，請你不要告訴別人。我媽媽也以為我不知道。」

浦川小聲地說。

「爸爸出發的前一晚，我半夜醒過來，剛好聽到爸媽在討論這件事。」

小哥白尼不知道該說什麼話來安慰浦川，心中有著說不上來的沉重。從小到大，他不曾有過這種喘不過氣的感覺。即使他同情浦川，也沒辦法做什麼。想到浦川這麼煩惱，小哥白尼也無法隨便說些什麼。他靜靜地凝視暖爐裡的炭火。玻璃窗震得喀喀作響，遠處不停呢喃的風聲在窗外迴盪。

「絕對不要告訴其他人。」

過了一會兒，浦川又這麼說。

「嗯，我不會說的。」

小哥白尼如釋重負地答應浦川。如果這個回答能令浦川放心，小哥白尼心裡也會好過一點。他不自覺地加重語氣。

「我不會說的，絕對不會說。我們可以打勾勾。」

小哥白尼伸出手，舉起小指。只要能讓浦川開心，他很樂意承諾任何事。

浦川因凍傷而紅腫的小指和小哥白尼的小指勾在一起。兩人用力勾住對方的小指。在那一瞬間，小哥白尼和浦川都露出認真的表情。尤其是浦川，他忍住手指凍傷的痛，緊閉嘴唇；鬆開小指之後，兩人不自覺地微笑對望。

浦川的臉上洋溢著對小哥白尼的信任。

就在這時候，從隔壁對面的房間傳來虛弱無力的咳嗽聲。

「對了，我得去看看阿吉……」

浦川小聲呢喃。

「阿吉就是店裡的伙計，最近感冒了。我去看看他，馬上回來。」

浦川說完，正要站起來，房間的拉門突然開了，有個大約六歲的小男孩出現在眼前。站在他身後的女孩看來差不多是小學五、六年級的年紀，畢恭畢敬地端著托盤，盤裡有點心和茶。小男孩身穿毛線外套和毛線褲，圓圓的臉蛋看來和浦川一模一樣，小小的眼睛彷彿臉上的兩道裂縫。他的臉頰、雙手、外套都髒得嚇人。小女孩背上綁著小嬰孩，她也穿毛線洋裝。

小男孩直愣愣地站在那兒，上下打量著小哥白尼。小女孩畢恭畢敬地端著托盤，靜靜地走進房間。她一定在想，要好好展現自己在學校學的奉茶禮儀，所以表情正經八百，一步一步慎重地走來，看來就像學生代表上台領獎似的。她來到小哥白尼面前，跪在地上，鞠了躬，端出托盤，又鞠躬示意。托盤上的點心盤裡放著鯛魚燒，熱騰騰地冒煙。

「你妹妹？」

小哥白尼問浦川。

「嗯，另一個是我弟弟。」

浦川的妹妹起身，正步往右轉，正要靜靜地往外走；她突然停下腳步看了看弟弟：

「小文，你在做什麼？」

她對弟弟喊。

「討厭，真沒規矩，快過來。」

小男孩不知何時已經進了房間，直愣愣地站著，一直盯著鯛魚燒看。他好像聽不到姊姊說話似的。

「快過來，真是不聽話。」

小女孩伸手拉弟弟的手，小文卻把姊姊的手甩開，又賊頭賊腦地盯著鯛魚燒看。

小哥白尼拿了點心盤上的鯛魚燒給小男孩。小男孩偷瞄小哥白尼的臉，靜靜地拿了鯛魚燒，馬上放進嘴裡。姊姊已經生氣了。

「你真不乖，不懂禮貌，我要告訴媽媽。」

她一說完，又抓起小文的手，用力地拉到房間外面。小文塞了滿嘴的鯛魚燒，就被姊姊拉走了。

「我妹妹是班長，成績比我好。」

浦川說。

他們兩人吃了鯛魚燒。這是小哥白尼第一次吃鯛魚燒，因為媽媽從不讓他吃粗糙的點心。媽媽總說吃那些東西會吃壞肚子，所以小哥白尼自己也不會想吃。不過，今天可能剛好肚子餓，實際吃吃看，發現鯛魚燒還真是好吃。

——咳、咳！

外面又傳來虛弱無力的咳嗽聲。

「對了，你剛才不是說要去看看阿吉嗎……」

浦川把吃了一半的鯛魚燒放進托盤，對小哥白尼說聲抱歉，走出房間。

浦川離開之後不久，小哥白尼就聽到有人在病人休息的房間談話的聲音。

「……吧。沒關係。」

他先聽到浦川的聲音。可惜聽不到對方說的話，所以不知道到底是什麼事沒關係。

「……沒關係，你先睡覺。我……」

浦川好像一直要說服病人。後來，小哥白尼聽到浦川推開拉門，開始在走廊角落叮叮咚咚地敲打了起來。小哥白尼站了起來，拉開自己所在的房間的紙門，偷偷看了有聲音的地方。

——浦川蹲在微暗的走廊角落，手拿錐子使勁地敲著臉盆裡的冰塊。在浦川腳邊的冰袋裡的冰塊已經完全融化，冰袋軟趴趴地倒在地上。原來浦川正在幫生病的阿吉替換冰袋裡的冰。

「我得回去了。」

下午三點左右，小哥白尼準備告辭。在那之前小哥白尼還額外答應浦川另一件事。下星期三他會再到浦川家，教他英語和數學，還有，在考試前，他會依序把自己的筆記借給浦川複習。這是小哥白尼主動向浦川提議的。浦川也說，下次小哥白尼來家裡的時候，他可以讓小哥白尼操作店裡的馬達。店裡靠牆邊約半坪大的地方，有一台磨豆子的機械。以馬達為動力機，透過皮帶拉著石臼轟隆隆地轉動。浦川為了答謝小哥白尼，決定讓小哥白尼親手操作那台機械。小哥白尼當然非常感謝浦川。他只有在百貨公司買的玩具馬達，當然比不上真正的馬達。

「要回去啦？」

浦川的媽媽依然站在店門口招呼客人，看到小哥白尼要回家，又以爽朗的聲音對他說話。

「沒有好好招待你，真不好意思，希望你不要介意，下次再來玩。我們家小留不像你那麼開朗大方，個性扭扭捏捏，不過今天他真的玩得很開心。──對吧，小留？」

浦川害羞地笑了，默默地點頭。

不過，不到一分鐘後，就有一件讓浦川更開心的事。

小哥白尼剛踏出店鋪，浦川跟在後面正要送客時，有輛紅色自行車像鳥從天空飛下來似的，停在店門口，車上的年輕人輕盈地跳下車。

「浦川，電報！」

不須多說，這當然是爸爸從山形發回來的電報。浦川馬上就明白了。媽媽打開電報讀了起來，他盯著媽媽的臉。從媽媽的表情就能看出電報帶來好消息或壞消息。媽媽會露出什麼表情──連小哥白尼都和浦川一樣，熱切地等待老闆娘福泰的臉會出現什麼表情。

老闆娘原本皺著眉頭閱讀電報，等她看完，如釋重負地笑了。兩人鬆了一口氣。老闆娘的表情一掃陰霾，顯得很放心。

「小留，今天晚上爸爸就回來了。你看……」

她邊說邊把電報交給浦川。電報上有淺紫色的字寫著：

事情談妥了今晚就回去。

兩人走到店鋪外面。從狹小的街道可以瞥見的藍天之下，冷風依然颼颼地吹過屋頂。

小哥白尼和浦川肩並肩，穿過隧道般的商店街，繞過人潮，朝著電車軌道的方向走去。浦川似乎已經不在意和自己擦身而過的人。

「聽說事情談妥了——」

浦川小聲地說。

「應該是伯父答應了吧。」

「應該是。」

「錯不了。」

「應該是。一定是。」

兩人你一言我一句，越說越興奮。

浦川已經不再擔心，可以開始上學了。浦川高興得幾乎連跑帶跳。雖然去學校上學會被大家捉弄、欺負，可是浦川一想到可以去上學，還是這麼開心。

兩人來到商店街邊、和大馬路相接的街角，互相道別。

「再見……」

浦川依依不捨，又回去到處都有人穿圍裙的商店街。風呼呼吹過大馬路，小哥白尼偶爾低下頭迴避冷風，大步走著。他掩不住內心的雀躍，才會忍不住邁開步伐抖擻地走著。

到了下週三，小哥白尼遵守約定，再到浦川家。當天的故事很長，在此略過不談。——總之，浦川把落後的進度重新補上，終於放心了；小哥白尼也有機會自己操縱馬達的開關，非常滿足。小哥白尼心滿意足地看著馬達轟隆隆地轉動，浦川的媽媽——那位富態的老闆娘也兩手插腰，張開手肘，非常感動地望著小哥白尼。

「我兒子和這個小夥子真是不一樣啊。」

老闆娘一定在心裡這麼想。

小哥白尼回到家之後，吃了晚飯，時間已晚。都過八點了，他還是出門去舅舅家。

舅舅坐在暖爐茶几邊，在拉低了的吊燈下，閱讀晚報。小哥白尼才剛把腳放進暖爐茶几下面，馬上向舅舅炫耀：

「舅舅，今天我親自操縱馬達了。」

「馬達？是什麼玩具？」

「別開玩笑了，是真正的馬達，我操縱了真正的馬達。」

「了不起，到底是什麼馬達？」

聽到舅舅這麼問，小哥白尼不好意思回答「其實是豆腐店的馬達」。他沉默了一會兒，舅舅又問道。

「你去什麼工廠了嗎？」

「嗯。」

「什麼工廠？」

「某家食品製造工廠！」

小哥白尼故意賣關子。

「食品，什麼食品？」

「這個嘛——先以大豆為原料……」

「然後呢？」

「然後把大豆煮熟……」

「然後呢？」

「再磨碎……」

聽到這兒，舅舅忍不住格格地笑了。他接著小哥白尼的話尾，自己繼續往下說。

「然後，放進蒸籠蒸熟，切成厚兩公分、長十四、五公分、寬七公分左右的方塊……。放進水裡冷卻之後，一塊賣五錢……對嗎？」

「可惡，被你猜中了。」

小哥白尼搔了搔頭。舅舅也笑了，不久之後，他又認真地問：

「你去了浦川家？」

小哥白尼告訴舅舅前後兩次造訪浦川家的經過。對小哥白尼來說，在浦川家看到、聽到的一切都非常新奇。小哥白尼很樂於和舅舅分享自己的所見所聞。

「舅舅，說到浦川和伯母，還真厲害。他們簡直就像相撲選手，這麼大的鍋子裝滿了油，還能一個人拿起來。我覺得伯母比舅舅更有力氣。」

「力氣真大。如果有人一不小心闖進浦川家，一定會被捏在手心丟出來。」

「只要你不胡來就好了，伯母很親切，我很喜歡她。」

小哥白尼順著舅舅的問題，詳細說明浦川家的模樣和浦川的事。不過，他並沒有提到浦川的爸爸到山形籌錢的事。小哥白尼真的信守承諾。

舅舅聽完，告訴小哥白尼。

「你們和浦川真的完全不同，難怪浦川沒有辦法和大家混熟。——對了，小哥白尼，我希望你想一個問題。」

「什麼？」

「你們和浦川最大的差異是什麼？」

「最大的差異——」

小哥白尼稍感困惑，他欲言又止，過了一會兒，才支支吾吾地回答。

「嗯，浦川家——很窮。但是我們家不一樣。」

「說的對。」

舅舅點頭，繼續問道。

「可是，**如果不比較他家和你們家，而是比較浦川這個人和你們，又有什麼差別？**」

「嗯……」

小哥白尼不知該如何回答。

這時候時鐘指向九點半，咚地響了一聲。明天還得上學，小哥白尼不能太晚睡。所以舅舅和小哥白尼的問答就此打住，小哥白尼也趕緊回家去了。

然而，舅舅最後的問題涵蓋了非常關鍵的問題。所以我們再翻開舅舅的筆記本，看看他寫了什麼。那天晚上小哥白尼回家之後，舅舅又認真地在筆記本寫了起來。

舅舅的筆記本

生而為人的態度

（一）

小哥白尼：

你花了許多心思體貼地幫助浦川，非常好。浦川在學校總是受人排擠，能意外得到你善意的對待，應該高興得不得了。對你來說，自己出於善意的行為能讓貧窮而孤獨的朋友這麼開心，應該也會感到欣慰。雖然大家平時看不起浦川，可是他不僅不該被人看不起，反而有令人肅然起敬的美麗心腸和善良本性；你有機會了解到這一點，真是很好的經驗。當晚我聽你說話，覺得你對於自己所做的事、所說的話，完全沒有把自己看得比浦川高一等，絲毫沒有沾沾自喜的樣子，這讓我非常佩服你。由此可見，你和浦川都有誠懇的特質。如果浦川是個喜歡裝模作樣的孩子，你可能會覺得他「成績這麼差還自以為了不起」。不，說不定你不說出口，卻在心裡覺得「這麼窮還裝什麼樣子」。你沒有這麼想，原因之一是浦川誠懇又善良。而且，如果你炫耀自己成績好或瞧不起浦川家很窮，表現出高高在上的態度去幫助他，安靜內向的浦川一定不會樂於接受你的好意。兩個人都沒有這種態度，實在令我感到開心。尤其是你絲毫沒有因為浦川家貧窮就看不起他，我真的非常高興。

小哥白尼，等你長大慢慢就會知道，貧窮度日的人通常都對自己的貧窮感到自卑。對於自己穿著寒酸、住的房子簡陋、每天吃的飯菜粗糙，總是不由自主地覺得羞愧。當然也有些了不起的人，他們雖然貧窮，卻活得充滿自信。不過，世上還是有很多人看到有錢人，頭就抬不起來，好像自己低人一等，畏畏縮縮。這些人當然應該被鄙視。並不是因為他們沒錢，而是因為他們卑屈的性格，所以受人鄙視也沒辦法。——然而，小哥白尼，即使是有自尊心的人，一旦日子過得窮苦，還是難免有點自卑，這是人之常情。所以我們要時時告誡自己，千萬不要讓那些人更覺得自卑。**人最厭惡的莫過於自尊心受傷**。生活窮困的人容易嘗到這種滋味，所以千萬不要因一時大意而傷害了他們容易受傷的自尊心。

照道理說來，就算貧窮，也不必感到自卑。不須我多說你也知道，人真正的價值並不取決於他的穿著、住所或食物。即使穿著華麗、住豪宅，笨蛋依然是笨蛋，低等的人依然是低等的人，一個人的價值並不會因此提高。如果有高尚的心靈、卓越的見識，即使過得貧窮，依然是值得尊敬、了不起的人。所以，如果真的對自己的價值有自信，即使環境稍微變好或變壞，依然能安穩度日。我們也一樣，既然是人，即使貧窮，也不該自貶身價——同時，即使生活優渥，也不該以此為傲，必須時時聚焦於自己身而為人的價值。如果因為貧窮而感到自卑，代表心理還不夠成熟。

不過，即使要求自己必須時時抱著這種心態，還是應該顧慮身處貧窮的人容易受傷的心。小哥白尼，除非你也和貧窮的人處於同樣的境遇，嘗遍貧窮的艱辛，還能保有自信心，頂天立地，否則你就沒有資格傷害貧窮的人。請你牢牢記住。如果你仗著家裡環境優渥，心裡有些許的自豪，看不起貧窮的人，那麼你自己反而會受人鄙視。不了解身而為人真正重要的事，才是令人憐憫的笨蛋。

你到浦川家，完全沒有表現得高高在上；我知道，你當然沒有瞧不起窮人的念頭。不過你還不明白，等你長大之後依然保有這種態度，有多麼重要。我要利用這個機會，讓你了解這件事有多麼重要。你越正確地了解這個世界，這種態度也會越重要。不，想要正確了解這個世界，絕對少不了這種態度。因為——注意聽，牢牢記住——現在世上大多數人都是貧窮的人。大多數人沒辦法過像樣的生活，這是我們這個時代最大的問題。

（二）

你造訪浦川家，發現浦川家和你們家的差別。浦川家比你們家窮。可是，世上有很多人連浦川家的生活都過不了，而且這種人多得難以想像。對那些人來說，浦川家根本還不算窮。聽我這麼說，你應該很驚訝吧。

不過，你可以想想在浦川家工作的伙計。他們只希望幾年後可以開一間像浦川家的小店，所以先在店裡工作。雖說浦川家窮，至少還能讓兒子讀中學。可是店裡的伙計小學畢業之後，就得出來工作了。

而且浦川家至少還有製作豆腐的機械，可以採買作為原料的大豆，雇用打工的伙計，也算經營家庭工業維生；可是伙計們除了靠自己的勞力賺錢之外，沒有任何生財工具幫他們維持生計。他們只能整天賣力工作，勉強維持生活。

萬一他們罹患了絕症或者受重傷而無法再工作，生活會變成什麼樣子？對於只能靠勞力維生的人來說，不能工作，就只有被逼上餓死一途。可惜的是，現在這個世界上，累壞身體之後最難維生的人，往往處於最容易累壞身體的環境。營養不足的食物，不衛生的居住環境，每天都得拚命工作，不敢奢望能把體力留到明天。每天都只能不停歇地賣力工作，才能活下去。

去年夏天你和媽媽、我一起到房州時，曾經在火車離開兩國車站的時候，從高架橋上往下看了一會兒。本所區、城東區一帶的土地，有大小不一的煙囪林立，吐著灰濛濛的煙；你還記得當時的光景嗎？當時天氣很熱。在令人熱得發昏的炎夏天空下，無數的屋頂毫無縫隙地緊密排列，從屋頂之間突出的煙囪不停延伸到地平線那一端。熱風從上面吹過，吹進車廂裡。我們一離開兩國，你馬上就說想吃冰淇淋。當初我們受不了東京的悶熱，才到房州避暑，可是在這同時，在那些數不盡的煙囪下，每一個煙囪下分別有幾十個、幾百個勞工汗流浹背、灰頭土臉地工作。——後來，我們離開東京城市，能眺望遼闊的翠綠稻田之後，才感到涼風吹拂，可以喘口氣。不過，你想想，就連那些翠綠的稻田，也是沒有辦法去避暑的農民百姓賣力耕作的結果。實際上我們從車窗往外看，偶爾看到田裡還有女人，和幾個農民泡在及腰的水裡，認真地除草。

世上有這樣的人。這樣的人在日本隨處可見——不，應該說，不管到世上什麼地方，這樣的人都占了人口的大部分。他們平時必須忍受多少的不自由？生活中什麼都缺，甚至沒錢好好治病。更別說修習人類引以為傲的學術藝文，欣賞卓越的繪畫和音樂；對他們來說，這些都只是遙不可及的奢望。——小哥白尼！你讀過兩本《人類的歷史》，應該知道人類輝煌的歷史；很久之前人過著和野獸同樣的生活，經過幾萬年的漫長歲月，不斷努力再努力，才發展出今日的文明。然而，人類努力的報酬並不是今日的所有人都能享受得到。

你一定會說：「不該這樣。」

沒錯。這的確是錯的。**既然是人，就該讓所有人都過得像人**。世界應該是這樣的。只要有誠懇善良的心，一定會這麼想。不過到目前為止，令人遺憾的是，這個世界還不是這樣。雖然人類整體進步了，卻還沒有達到這樣的境界。這都是必須留待以後解決的問題。

因為世上還有貧困，所以造成多麼令人心痛的情況，讓多少人陷入不幸的處境，讓人與人之間發生多麼深不可解的鬥爭。你現在過得很幸福，所以我不會刻意告訴你太多。即使我不說明，等你以後長大，自然就會了解。

為什麼在文明進步的世界，還有這麼令人厭惡的事？為什麼這種不幸的情況還沒從世上消失？在你這個年紀，還很難完全正確了解。只要讀《人生案內》的「社會」，應該能了解大致情況，可是關於這一點，可以等你長大，充分了解複雜世界的關係，思慮成熟之後，再下正確的判斷也不遲。

我只希望現在的你能清楚了解，在這樣的世上，能像你一樣，可以毫無掛念的專心上學，自由發揮自己的天分，是多麼難得。小哥白尼！請你注意看看「難得」（ありがたい）這個詞彙。這個詞代表「應該感謝」「值得感謝」的意思，然而它本來的意思是「很難得到」，代表「並不常有」。**了解自己享受到的幸福其實並不常有，我們才會心懷感謝**。所以「難得」延伸出「應該感謝」的意思，而且以「難得」（ありがとう）表示感恩的心情。話說回來，如果你看看廣大的世界，再回頭看看現在的你，應該會發現自己現在的情況真的如字面所說，非常「難得」。

即使同樣從小學畢業，並非所有人都像你們一樣有機會讀中學。即使就讀同一所中學，如果生長在浦川那樣的家庭，也得減少讀書時間，幫家裡工作。至於你，現在沒有任何事妨礙你讀書。只要你願意學習，就能自由學到人類歷經幾萬年努力累積的智慧。

既然如此——

不，接下來我不須多說，你應該也明白。像你這麼幸運的人應該做什麼，應該抱持什麼念頭過日子。即使我不說，你應該也明白。

我和你已過世的父親、把一輩子的希望寄託在你身上的母親一樣，打從心裡希望——

你能好好發揮自己的才能，成為有用的人！

就靠你了，小哥白尼！

（三）

最後我想留下一個問題讓你想想。

你透過「網狀法則」了解人與人如何彼此交織。在艱苦環境中工作的人和身處比較優渥環境的我們，在日常生活中並沒有交集，但是實際上透過無法切割的人際網，我們彼此相連。所以，如果我們毫不在意那些人，滿腦子只想著自己的幸福，這是錯誤的想法。可是，就算我們想為他們著想，如果只是把他們當成不幸的人、可憐的人、值得同情的人，這也是嚴重的錯誤。小哥白尼，還有一件非常重要的事，千萬不要忽略了。

在窮苦的環境長大、只上過小學、畢業後就靠勞力賺錢維生的人當中，有很多人長大之後，知識還不如你多。幾何、代數、物理這些科目到了中學之後才教，他們往往連非常簡單的知識都不知道。對於事物的偏好，也多半不入流。光從這一點看來，你難免會覺得自己比那些人更高一等。不過，**換個角度看，他們才是扛著這個世界的人**。

他們遠遠勝過你，是很了不起的人。——你想想看，世人生活所需的東西都是人類勞動的產物。即使是做學問、藝術這些高尚的工作所需的東西，同樣都是他們付出血汗製作的。沒有他們辛苦的勞動，就沒有文明，世界也不會進步。

話說回來，你自己呢？你自己創造了什麼？

你接受社會給予的許多東西，而你給予這個社會什麼？不必多想就知道，你還只是使用者，並沒有生產任何東西。每天吃的三次飯、點心、念書用的鉛筆、墨水、鋼筆、紙——你還只是中學生，每天生活就得消費許多東西。衣服、鞋子、書桌之類的工具、居住的房子等等，過了一段時間之後就不能用了，代表你慢慢地消耗這些東西，這也是消費。由此看來，你的生活可說是消費專家的生活。

當然不管是誰都得吃穿，沒有人完全不消費，只從事生產。而且，生產東西本來就是為了有用的消費，所以消費本身並不是件壞事。不過，為世界生產多過消費的人與完全不事生產只消費的人，相較之下，到底誰比較了不起——這麼一問，聽起來好像已經不成問題。如果沒有人為我們生產，我們就無法品嘗、享受、消費。**為生產而付**

出的勞動讓人活得像人。我說的不只是食物、衣服這些東西。即使在學問的世界、藝術的世界，創造的人也遠比接受的人更重要。

所以，今後你千萬別忘了生產者和消費者的區隔。從這個角度看，你一定會發現，神氣巴拉地坐在汽車裡、住豪宅的人，反而有很多是沒有價值的人。你也一定會發現，被世人瞧不起的人當中，有很多都值得我們尊敬。

小哥白尼，這一點——正是你們和浦川最大的差異。

雖然浦川年紀還小，卻已經踏實地站在生產者那一邊。浦川的衣服滲著炸豆皮的味道，他應該感到自豪，根本不須感到羞愧。

聽我這麼說，你可能會覺得我在責怪你現在只消費而不生產，但是我並沒有這個意思。你們還是中學生，還在為了踏進社會做準備，所以現在不生產也沒關係。——不過你目前只是消費專家，必須謹守分際。雖然浦川受限於生長環境才幫家裡工作，至少他好好地承擔家裡的事業，沒有任何不滿地努力工作；其實你們應該誠懇地尊敬他。假如有人因此看不起他，這種行為已經超出你們應有的分際，簡直是不知天高地厚、嚴重錯誤的行為。

我希望你把這些事牢牢記在心裡，然後好好思考——從每天生活的必需品來看，你的確只會消費，完全沒有生產。不過，從其他角度來看，在你自己不注意的時候，其實每天都在生產了不起的東西。到底是什麼？

小哥白尼。

我故意賣個關子，不回答這個問題，請你自己找出答案。不要急。不要忘了這個問題，以後能找到答案就好。千萬不能問別人。還有，就算別人告訴你，你也未必同意。關鍵在於靠自己找到答案。說不定你明天就會找到答案了。也有可能等你長大成人之後，依然不明白答案是什麼。

不過，我認為，既然是人，每個人一生中一定得找到這個問題的答案。

總而言之，把這個問題烙在心裡，偶爾想起來，就認真想一想。總有一天，你一定會覺得當初認真思考是對的。

聽清楚了吧，千萬不要忘記。

5 拿破崙和四名少年

高輪一帶的高地在冬日依然草木蓊鬱，從高地可以瞭望品川的海景；水谷家的大洋房就位於高地上。宅邸四周圍著鐵柵欄，岩瓦屋頂上有風向計。古色古香的洋房明顯帶有明治時代的風格，周圍的庭院有許多樹木環繞，任何時候都是一片寂靜。正月初五那天，小哥白尼來到久違的水谷家拜訪。

當天北見和浦川也約好了要到水谷家。之前在第二學期的考試順利結束、結果也已經公布，正要開始放寒假那一天，水谷邀請小哥白尼三人正月初五到家裡玩。小哥白尼從小學時期就到過水谷家幾次，不過這是第一次和北見、浦川一起造訪。水谷連浦川都一起邀請，其實是因為他從小哥白尼那兒聽到上次的事，突然對浦川有了好感。

說到第二學期的考試結果，小哥白尼依然成績優異，他一直擔心的浦川，成績反而比上學期更好，尤其英語成績變好，連浦川自己都很驚訝。一定是小哥白尼的指導奏效了。浦川和小哥白尼都能心情愉悅地迎接新年。——所以，交情好的三個人，加上浦川，可以在正月初五那天聚會，讓小哥白尼特別開心。當天天氣晴朗、陽光和煦，是東京冬季難得一見的好天氣；上午小哥白尼微微冒汗地快步走過門口擺著門松（譯注：新年裝飾品，用繩索把松竹梅捆起來的裝飾物）的一棟棟宅邸，前往水谷家。

水谷家大門的柱子是由石塊砌成，柱子前有比大人還高的門松，猶如衛兵捧著長槍佇立在門前。門內的老椎木蒼鬱參天。繞過樹下，沿著碎石小徑往上走，來到另有小屋頂的氣派玄關。玄關前的圓形草地上還有四、五棵胖胖的棕櫚樹，毛茸茸的樹幹彼此相貼，以奇特的姿態伸長樹枝，沐著從高大洋房屋頂穿過來的陽光。

平時大門深鎖而安靜肅穆的玄關，當天大門微開，正面還放著訪客名片台。

「北見他們已經來了嗎？」

小哥白尼心裡想著，按下玄關的門鈴。有位他曾經見過的寄宿學生（譯注：有錢人家收留家境不好的學生在家裡住，兼當幫傭，供他們讀書）走了出來。寄宿學生看到小哥白尼，立刻開口說道。

「歡迎您，大家已經都到了，就等您來。」

小哥白尼邊脫鞋邊往旁邊看，大型松樹盆栽下面，有雙厚底粗編的靴子和足球鞋，整齊地排在一起。

小哥白尼跟在寄宿學生後面，左彎右拐地穿過鋪著地毯的陰暗走廊。小哥白尼每次到水谷家，總覺得這房子真大。他也很好奇這麼多房間到底拿來做什麼用。不過，那位寄宿學生總是安靜地在前面帶路。小哥白尼也總是安靜地跟著走。

水谷的房間位於號稱新館的另一棟建築。這是水谷的父親為了兒女擴建的明亮鋼筋水泥建築，每個房間都有充分的日照，讓人彷彿身處玻璃屋。而且從每個房間都能向下眺望廣大的品川灣。——水谷的父親在企業界雄踞一方，光說主要的頭銜，例如某某大公司或銀行的董事、監事、總裁等等，恐怕連十根手指都不夠用。他希望靠自己的財力盡量讓子女過得幸福。

寄宿學生和小哥白尼終於來到水谷的房門前。寄宿學生輕輕地敲門。

「請進。是誰？」

從房內傳來女性悅耳的聲音。小哥白尼聽過這個聲音。

一打開門，明亮的房間裡有個穿著黃色運動服的人轉過身，往小哥白尼的方向看。是個十七、八歲、短髮造型（譯注：昭和初期女孩子也開始流行剪短髮，類似現在的西瓜皮髮型）、輪廓分明的女孩。她是水谷的姊姊。水谷、北見、浦川竟然規矩地並列坐在窗邊，和煦的陽光從窗外照進來。

「是小哥白尼嗎？這麼晚才到，我還以為你不來了。」

女孩邊說邊帶小哥白尼進房間，然後正式向他打招呼。

「新年快樂，恭喜恭喜。」

「恭喜。」

小哥白尼回答。他一邊回答，一邊覺得訝異。水谷的姊姊明明是女孩子，竟然和小哥白尼他們一樣，身穿長褲。不過，她並不理會小哥白尼不可思議的表情，一副若無其事的樣子，繼續說道。

「好久不見，不過小哥白尼依然是個小不點。」

「怎麼拿我開玩笑，我已經比去年長高了五公分以上！」

小哥白尼不服氣地抗議。

「勝子姊姊長得也不高啊。」

「真可憐！我在班上排第九，不像有人排倒數第二。」

「哼——算了，隨便妳怎麼說。」

小哥白尼拿她沒轍，只好這麼回話。說完，他趕緊靠近北見他們，此時他們三人站了起來，和小哥白尼互道恭喜。小哥白尼問他們剛才在做什麼。

「你還沒來的時候，我們在聽水谷的姊姊說話。」

北見回答。

「很有趣，你也該聽聽。」

小哥白尼拉了旁邊的椅子坐下。那張椅子是由一根鋼鐵棒彎成一筆畫曲線，在背部和腰部貼上厚布構成的高格調座椅。不，其實這個房間裡的所有物品，例如書桌、書櫃、檯燈，都以簡單而美麗的線條為共通風格，沒有半分多餘的裝飾。房間看來很舒服，充滿近代的明亮感。大玻璃窗的另一頭是遠處品川的海，陽光照得水面波光粼粼。

「勝子姊姊在說童話故事嗎？」

小哥白尼問道。

「真沒禮貌，我正在討論英雄精神。」

勝子回答。

「這麼深奧。」

「才不深奧呢。我認為，不論男女，都應該要有英雄精神。」

勝子剛說完，北見馬上插嘴：

「好了好了，繼續剛才的內容吧。」

勝子站在四名少年的面前，開始說道。

「……如我剛才所說，華格姆戰役是很動人的故事。——西元一八〇九年七月，拿破崙率領的法國軍隊，和奧地利與俄羅斯聯軍在多瑙河邊交戰。這場戰役牽繫著三個國家的命運，當然是轟轟烈烈的一仗。即使拿破崙很強，遇上兩國聯軍，也無法輕易取勝。

「尤其俄羅斯還有著名的遊騎兵，他們曾經數次到拿破崙軍營附近襲擊，幾百名騎兵團結一氣，踏破法國軍隊前線，如同海嘯一般席捲而來。拿破崙的親衛隊——也就是近衛兵——拚死奮戰，終於擊退那批遊騎兵；可是才剛擊退他們，又有新的遊騎兵視死如歸地踏過同袍的屍體，襲擊而來。就連號稱天下無敵的拿破崙親衛隊也數度告急。」

勝子歇了一口氣，看到大家專注地聽她講故事，又繼續往下說。

「當時拿破崙站在可以俯瞰戰場的小高丘上，關注戰爭情勢。遊騎兵當然瞄準這兒襲擊過來。因此，在拿破崙身邊的參謀們全都忐忑不安。

「『陛下，請您暫時離開這兒。』

「參謀數次建議拿破崙，然而拿破崙卻不肯離開。不管旁人再怎麼勸說，他也不肯躲到安全的地方。──你們知道為什麼拿破崙不肯離開嗎？」

勝子雙手插腰，兩腳一蹬，等他們四個人回答。可是他們四人都露出不知該怎麼回答的表情，抬頭看著勝子。勝子搖了搖頭，撥開垂到臉上的頭髮，又繼續熱烈地說道。

「如果拿破崙只是指揮戰場上的軍隊，應該可以躲到更安全的地方，所以他並不是為了指揮軍隊才留在山丘上。絕對不是為了這個原因。拿破崙是為了看敵軍的遊騎兵──他看敵軍的遊騎兵看得出神了。

「『多麼驍勇善戰！多麼驍勇善戰！』拿破崙忍不住讚嘆，看著遊騎兵鍥而不捨、屢敗屢戰地往自己的大本營攻過來。他看得入迷，忘了自己處境危險……實在很了不起。」

勝子雙眼炯炯發亮，臉頰也興奮得紅了起來。

「我覺得他真的很了不起。——你們想想看，他們在打仗，打輸了會危及性命。他們和敵方只能拚個你死我活，連命都豁出去了。在這種情況下，他還能稱讚敵軍——看驍勇善戰的敵軍看得出神，實在了不起，真是男子漢。」

勝子興奮地移開眼神，著迷地眺望遠方。小哥白尼覺得勝子姊姊真美。

「最後到底是哪一邊獲勝？應該是拿破崙吧？」水谷說。

「速夫，你根本沒聽懂我的意思。」

勝子故意誇張地露出不可置信的表情。

「當然是拿破崙贏了。經過兩天激烈的戰鬥，拿破崙終於擊潰敵軍。不過，勝負不是重點。」

「打仗怎麼能輸。」

「你還不懂重點。——不論輸或贏，英雄就是英雄。不，即使輸了卻令人感到偉大的人才是真英雄。速夫，虧你是個男孩子，怎麼不懂這個道理。」

勝子假裝難過地皺著眉，歪了歪頭。她的西瓜皮髮型又亂了，頭髮垂到臉上。然後，勝子好像在思考什麼嚴肅的事，兩手插在褲子口袋，在四個男孩面前安靜地來回踱步。浦川和北見已經完全被鎮住，目瞪口呆地看著勝子。小哥白尼和水谷互看了一眼。

「姊姊覺得自己就是拿破崙。」

水谷小聲地說。小哥白尼瞪大了眼。

「既然是戰爭，當然沒有人想輸。」

勝子邊走邊說。

「而且每個人都知道生命可貴，也都不想受傷。雖然我還沒親眼見過戰爭，不過，實際上了戰場，應該會覺得非常可怕。任何人第一次上戰場，一定會嚇得渾身發抖。可是——

「可是，人心裡若有英雄精神在燃燒，就能忘記戰場的可怕。內心浮現的勇氣能讓人超越一切痛苦，甚至不惜犧牲寶貴的生命。我認為這是最了不起的事，因為人能超越人的境界——」

「嗯——」

北見深感佩服。

「而且，不只是不惜犧牲寶貴的生命。如果只是不怕死，就連那些不顧後果、不要命的暴徒也做得到。逞強、像瘋子似的、拿生命開玩笑的人根本沒什麼了不起。那些人頂多只是和野狗一樣。可是，如果一個人不逞強、不發狂、還願意犧牲生命——我覺得這真的很了不起。」

「嗯。」

北見又附和了一次。旁邊的浦川好像還聽不懂，可是依然認真地看著勝子。這是浦川第一次看到這種女孩子。

「人在某些情況下，可以勇敢撐過一切恐懼和痛苦。只要想到這一點，我就有種難以形容的感覺。自己主動投向痛苦、艱苦，並且因為撐過痛苦而感到喜悅；你們不覺得這實在令人佩服嗎？痛苦越強大，撐過痛苦之後越感到喜悅，所以就連死也不怕。我認為這就是英雄精神。

「我越想越覺得——貫徹英雄精神而死，比起渾渾噩噩度日更了不起，了不起多了。即使輸了，只要貫徹英雄精神，就不算輸。即使贏了，如果沒有英雄精神，就不算真正贏。」

勝子止住腳步，情緒激昂地說道。

「我想體會生死交關的痛苦，嘗嘗這種英雄精神，就算一輩子只有一次機會也好！這有多棒啊——拿破崙很了不起，因為他終其一生都在貫徹英雄精神，就像是英雄精神的象徵。所以他佩服敵軍驍勇善戰，看得都出神了。我認為他真的是男子漢。

「對吧，小哥白尼！」

勝子突然叫了小哥白尼。她拿起書桌上的小明信片架，讓小哥白尼看明信片，並繼續說道。

「小哥白尼，你覺得這張畫怎麼樣？」

明信片上的圖描繪拿破崙率領大軍在廣大原野行進。畫面上半是冬季黑暗無垠的天空。在看不見半根草的荒涼原野上，積著薄薄一層雪。大批大砲車壓過融雪，在結凍的道路刻畫出深溝般的車輪痕跡。路況惡劣至極，好像整條路都被撬開似的。拿破崙騎在美麗的白馬身上，凝視遠方，帶兵向前推進。在他身後的大批將軍和幕僚，同樣騎著馬尾隨在後。隔著雪的原野另一邊，還有徒步的大批部隊，排成好幾排的橫隊前進，一直延伸到地平線另一端。夜幕低垂，在地平線處還露出微弱的光亮，拿破崙身穿灰色外套，戴著拿破崙帽的英雄姿態浮現在寒冷的空中。這是充滿沉痛情緒的情景。

1814年的行軍：拿破崙正在行軍，即將迎擊那些入侵法國的歐洲各國聯軍。

「這是——」

勝子不等小哥白尼回答，便開始說明。

「西元一八一四年，拿破崙領軍準備迎戰入侵法國的歐洲聯軍，當時拿破崙的全盛時期已經結束了。在拿破崙攻打俄羅斯失敗之後，歐洲各國群起反抗拿破崙，最後入侵到法國領土。拿破崙在萊比錫戰役落敗之後，依然憑著他過人的精力四處征戰，最後才回到法國。他得知聯軍已經蓄勢準備入侵法國，便再次整軍，召集生還的兵士，前去擊退聯軍。當時軍隊已經疲累不堪，彈藥匱乏，而且敵軍規模高達數倍，就連拿破崙也未必有勝算。不過，他還是出發迎戰。他已經覺悟這將是一場硬仗，卻還是領軍迎戰。他想靠這最後一仗重振雄風——不知當時拿破崙抱著什麼樣的心情。」

「後來拿破崙打贏了嗎？」

小哥白尼問道。

「打輸了。他落入敵軍手裡，被流放到厄爾巴島。所以我看到這幅畫，心裡總覺得很難受。拿破崙帶軍迎戰，迎接他的是無法獲勝的不幸命運，但是他依然忍不住朝著敵軍前進。除非戰到被敵軍擊潰，否則絕不向敵軍低頭投降。想到這一切，再看這幅圖，心情實在難以形容。」

小哥白尼聽了，非常同情拿破崙的命運，不自覺地湧起悲壯的心情。北見從小哥白尼手裡接過明信片，感慨地看了一會兒。浦川也興致勃勃地從旁邊看著那幅圖畫。

Allons enfants de la Patrie……

勝子開始小聲地唱起法國國歌《馬賽進行曲》。

—

過了一會兒，四個少年和勝子來到陽光和煦的草地上，熱鬧地玩遊戲。

水谷並不擅長運動，喜歡繪畫和音樂；姊姊則是所謂的全能選手，任何運動項目都難不倒她。她是籃球班隊、排球校隊，參加男女混合接力短跑的比賽，也是跳高、跳遠的紀錄保持人。她最熱中於跳躍項目，據說她還希望能成為日本女性國手參加下一屆奧運。她父親也為了她在庭院草地旁邊蓋了正式跳躍競技場；競技場有漂亮的助跑道，標有公尺刻度的白色測量桿、跳躍橫桿也都是標準規格，一切都和神宮競技場沒什麼兩樣，真是厲害。小哥白尼他們玩了拋接球之後，由勝子擔任教練，教大家三級跳、跳遠和跳高。

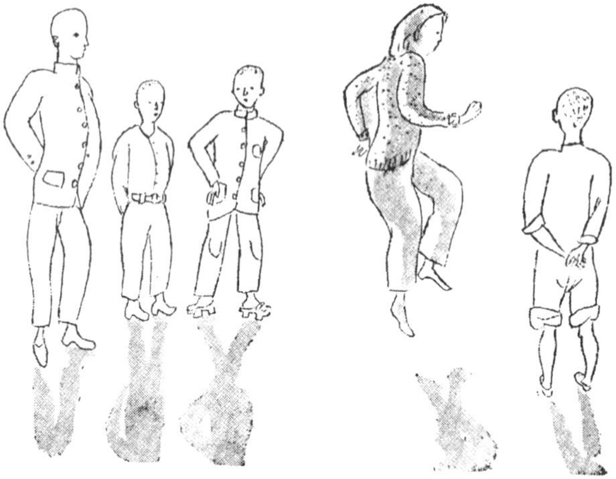

說到跳躍項目，小哥白尼和北見都對勝子甘拜下風。小哥白尼使盡全力跳才跳得過一公尺高的橫桿，接著勝子馬上把雙手放在褲子口袋裡輕鬆跳過同樣高度。他們慢慢調高橫桿，最後成了勝子個人表演的舞台。小哥白尼他們看勝子漂亮的動作都看得入迷了。勝子穿著黃色運動服和深藍色長褲，在橫桿上扭轉身子，降落在沙地上，姿勢漂亮。玩三級跳的時候，北見興致高昂地說「拿出英雄精神跳！」結果根本不是勝子的對手。浦川那天也不再因為不擅長運動而害羞，反而不停地跳、不停地跳。三級跳應該先蹬再單腳跳，可是浦川剛開始一直學不來。勝子很有耐性地示範很多次，指導浦川，最後浦川能正確跳躍的時候，小哥白尼、北見、水谷和勝子都像看到奧運選手刷新世界紀錄似的，高聲喝采。浦川害羞得滿臉通紅，又掩不住喜悅的神情，開心地笑著。

所有遊戲都玩了一輪之後，浦川提議要玩棒子角力賽。

「我玩棒子角力賽幾乎不曾輸過。」

水谷馬上找來一根大小適中的竹棒。剛開始小哥白尼先上前挑戰，沒兩下就被浦川壓倒。接著，水谷上前參戰，同樣節節敗退，根本不是浦川的對手。這時候北見高喊「好，我來幫你討回公道！」吐了口水在手心，上前應戰。可是浦川穩如泰山。北見面紅耳赤地使力往前推，浦川穩住下盤一直擋著，不久之後，浦川使力往回推，北見立刻重心不穩。

「可惡，可惡。」

北見處於劣勢還是全力反擊，可惜他依然慢慢地、慢慢地倒退，最後喊著「可惡，可惡」就被推倒了。

「好，再一次！」

小哥白尼又上前宣戰，結果還是輸了。水谷、北見輪番上陣，屢敗屢戰，和浦川交手數次，卻屢次落敗。

「真強！」

北見投降，忍不住佩服浦川。

「你為什麼這麼厲害？」

「為什麼——」

浦川邊笑邊答：

「有時候到了傍晚，我就和店裡的伙計拿秤棒玩。玩棒子角力賽也是有訣竅的。」

——

午餐地點在本館的飯廳，水谷的母親和哥哥也在，大夥兒一起用餐。挑高的天花板吊著奢華的裝飾燈，暗金色的牆上吊著巨幅油畫。餐桌上有溫室栽培的亮麗鮮花盛開，桌巾潔淨純白。華麗的刀叉、銀湯匙一字排開——原來當天的午餐是正式的午餐。不過，小哥白尼他們覺得自己好像在參加什麼典禮，緊張得不知餐點到底好不好吃。水谷的母親一直親切地和他們聊天，但是她談吐高雅，簡直像出身皇室的貴族，所以大家都不敢隨便回話。水谷的哥哥從頭到尾板著臉，一句話也不說，讓人不禁懷疑他有沒有看到小哥白尼他們在旁邊吃飯。北見看到他穿西裝，便問水谷「你哥哥在哪兒工作？」水谷回答，他哥哥還是大學生，主修哲學。念哲學的人可能不會想和中學生說話吧。

吃完難得一見的豐盛午餐後，小哥白尼他們反而鬆了一口氣，趕緊回到水谷和勝子的房間。大家又放鬆心情，玩了很多種室內遊戲，包括鬥球盤、桌球、撲克牌等等。水谷家的室內遊戲器具應有盡有，幾乎可以開店了。

「你命真好，有這麼多遊戲器具。」

小哥白尼不自覺地羨慕起來。

「才不呢，因為沒有人陪我玩。」

「有你姊姊啊。」

「他已經讀女中高年級了，最近根本不和我玩。」

「你爸爸回家以後，不陪你玩嗎？」

「我爸爸晚上得參加很多聚會，很忙，通常都在我上床睡覺之後才回來。我曾經連續四、五天沒看到我爸爸。」

「哦——」

「我媽媽也經常出門，所以我一個人的時候就播唱片聽，或者畫圖。」

小哥白尼覺得不可思議，因為水谷住在這麼豪華的房子，不管想買什麼爸媽都會買給他，卻一直孤單地過日子。

「只要我們更常來玩就好了。」

「我也想啊，可是媽媽說時常去打擾別人不好。」

「沒關係啦。」

「最近我姊姊根本不聽媽媽的話，經常去自己喜歡的地方玩。——我爸媽他們有點奇怪，竟然問我為什麼不和小堀和濱田交朋友。怎麼可能跟那種大嘴巴和勢利鬼一起玩。」

「沒錯，那些討厭的傢伙！不過，為什麼你媽媽要你和他們交朋友？」

「我剛開始也不明白，後來姊姊告訴我，因為小堀他爸爸是有名的政治家，還有，濱田他爺爺是貴族院議員。」

「哦——」

「就算他們的爸爸是政治家，爺爺是貴族院議員，我還是討厭他們。他們都是山口的手下。」

「沒錯，他們都對山口唯命是從，還說北見的壞話。我們才不會和那些人交朋友。你應該這樣告訴你媽媽——」

北見聽到小哥白尼和水谷的談話，好像想起了什麼。

「對了，說到山口，上學期末我聽到奇怪的傳聞。」

大家轉頭看著北見，他又繼續說：

「聽說，柔道社的高年級生決定要找機會揍我和山口一頓。」

「你和山口？」

小哥白尼大吃一驚，不禁反問北見。大家也感到意外，紛紛圍到北見身邊，只見北見神色自若地回答：

「是啊，聽說我和山口會挨揍。我是從二年級的樋口那兒聽來的。」——最近在小哥白尼的學校，興起一股風潮，以柔道社的高年級生為中心，想「整頓」學校風氣。聽那些傢伙說，最近學生士氣低落，學校氣氛鬆散，應該加以糾正。首先，學生非常缺乏愛校精神，在校際對抗賽時，加油聲不夠熱烈。第二，一般的低年級生變得目中無人，沒有尊敬高年級學生的風氣。第三，看小說、話劇、熱中歌舞和電影的人越來越多。再這麼下去，學校自創校以來一直引以為傲的樸實剛健風氣即將毀於一旦。所以，他們必須趁這段時間警告全校學生，讓校園風氣煥然一新。——那些人不停地倡導這種想法，還有人在期末公演時悲憤慷慨地演講。另外，還有人在校友會雜誌熱烈討論這項議題。不僅如此，現在他們還開始主動制裁違背校風的人。

那些人主張：「不愛校的學生出了社會，一定會成為不愛國的國民。不愛國的人不夠格當國民，算非國民。所以，不愛校的學生是非國民的種子。我們必須制裁這些非國民的種子。」

學生當然應該愛自己的學校。應該愛自己的學校，用心讓學校變得更好。低年級的學弟妹應該尊敬高年級的學長姊。只要身為學生，就該避免花心思在低級娛樂上。所以，柔道社高年級生的主張本身絕對沒有錯。

可是這些人除了相信自己的主張是對的，也深信自己的判斷全都正確無誤。他們也擅自認定，自己看不順眼的人都是違背校風的人，都大逆不道。他們更大的錯誤是自以為有資格教訓別人犯的過錯、制裁他人。大家同為中學生，不該有這樣的資格。

因為他們犯了這樣的錯，所以難得他們覺得自己是為了學校，卻反而對學校無益，甚至製造許多麻煩。如果有人不去校際比賽當啦啦隊，就會被冠上非國民的罪名，一不小心還可能挨打——這群蠻橫不講理的人在學校耍威風，讓人即使想愛學校，也會心生不悅。就算不能在學校唱流行歌曲，也不想整天聽人吟詩作對。他們最不應該的是讓低年級生成天提心吊膽，擔心受怕。

到了第二學期末左右，一年級和二年級學生常常無法放鬆。有人早上在路上碰到高年級生，一時大意忘了鞠躬問好，馬上被叫去訓話。戴了高級一點的手錶上學，馬上遭人白眼。一旦談論高年級生的事被發現，就被評為不知天高地厚。就讀二年級的樋口喜歡文學，涉獵大人閱讀的小說，也去看新的舞台劇演出，結果成了高年級生鎖定的問題人物。一年級的山口打扮時髦，又是電影狂，光是電影演員的照片就擁有兩百多張，所以遭高年級生白眼。性格剛烈的北見有話直說，即使對方是高年級生也不例外，所以被視為目中無人。不知從誰開始傳說，到了第三學期高年級生要制裁所有問題人物。——樋口聽到這個傳言，悄悄地通知同樣被鎖定的北見。

「山口被揍就算了，為什麼連你都要挨打？你又沒有做什麼壞事——」

小哥白尼打抱不平。

「我大概有兩次見到黑川的時候故意不向他鞠躬。還有一次午休時間打球占場地的時候，我曾經不聽黑川的話。明明是我先到的，可是黑川說我目中無人、不懂規矩。」

北見回答。黑川是五年級生，柔道社副社長，體格比體育老師還要高大。

「那個傢伙——」

北見氣憤地繼續說道。

「嘴上總說唱流行歌曲很丟臉，自己卻唱浪花節（譯注：又稱為浪曲），還故意發出沙啞的聲音。之前全校遠足那天，我在回程火車上聽到他唱歌，他還說浪花節是宣揚武士道精神所以沒關係。這根本只是自圓其說。我聽到他低俗的歌聲之後，更討厭他了。」

「要是你真的挨打就糟了。」

「放心，只要我不做什麼，黑川也不會打我。他們只是在等我犯錯，才有機會打我，只要我小心一點就行了。」

「是嗎？」

小哥白尼還是感到不安。水谷也顯得很擔心。

「說不定他們會把鎖定的目標一一找來打一頓。我認為應該告訴老師。」

「不行，如果我去告狀，他們會更恨我，而且還可以藉機揍我。不要理他們比較好。」

「不，太危險了。」

「放心，沒事。」

北見和小哥白尼吵了起來，這時候勝子剛好端著糖果盤進來。

「你們在吵什麼？小哥白尼看起來好嚴肅。」

小哥白尼和水谷向勝子說明，北見可能有危險。勝子聽了忿忿不平地說：

「怎麼能欺壓學弟。北見，千萬不能認輸。學校不是高年級生的，一年級生也是學校的學生。就算違反學校的規定，只要不違背老師說的話，一年級生也沒什麼好怕的。我認為，大家不必對那些柔道社的傢伙低聲下氣。」

「可是北見的處境很危險。」

水谷插嘴。

「因為危險就擔心害怕、畏首畏尾的話，那些蠻橫的傢伙會更囂張。為了學校動手打人，根本是胡說八道。如果真的是為學校著想，就應該讓所有人都能開心上學，即使是一年級生也一樣。那些人不這麼想，只是喜歡自己在捍衛正義的感覺。這叫做自我陶醉。北見，你千萬不能向他們低頭。」

「不管誰怎麼說，我都不會投降。」

好久沒聽到北見說「不管誰怎麼說」，不過這次小哥白尼並不覺得好笑。要是北見真的挨打——他一想到這兒，根本笑不出來。他不向蠻橫的高年級生投降就算了，該怎麼樣才能保護北見？大家七嘴八舌地討論。水谷和小哥白尼認為應該趁現在告訴老師，請老師處理比較好。北見認為這麼做反而會弄巧成拙，最好按兵不動。勝子認為應該再觀察情勢，一旦發現他們真的打算做這麼野蠻的事，再想適當方法解決，例如報告老師；可惜能不能發現他們真的要動手，實在難說。總之，北見再怎麼樣都不同意先去找老師告狀。

「我挨打也沒關係，反正我又沒做什麼壞事。——我不希望別人覺得我聽了傳聞就嚇得發抖。」

聽到北見這麼說，其他人也沒辦法。這時候，原本一直保持沉默的浦川開口了。

「我有個點子——」

大家轉過去看著浦川，浦川害羞地繼續說。

「如果高年級生真的叫北見去找他們，我們就一起去。」

「然後呢？」

小哥白尼問道。

「如果黑川真的要動手打北見，我們可以告訴他，要打就連我們一起打。如果北見什麼壞事都沒做也得挨打，那我們就一起挨打。這樣一來，黑川應該不會真的動手。」

沒有人說話。

「如果黑川還是要動手呢？」

勝子問道。

「那我們就——我們就和北見一起挨打。沒辦法，只能這樣。」

「浦川，了不起！」

勝子從椅子上跳了下來。

「對，這個方法最好。我們一起保護北見，如果真的保護不了，那也沒辦法，只好大家和他一起挨打。這就是英雄精神。到時候我也會加入你們的行列。我也會叫爸爸去學校，幫我們談判。如果爸爸不去，就叫媽媽去；媽媽不去，我自己去。去找校長談，把那個柔道社的傢伙逐出校門。——北見，振作起來。速夫，你也要振作。」

「嗯。」

水谷瘦長的臉表情溫和，緊閉嘴唇，用力地點頭附和。

「小哥白尼也一樣。」

小哥白尼也點頭附和。

北見說，讓大家為了我一起受罪實在不好意思。他一直想勸退其他人。但是，大家堅決地回絕，要北見別在意。

「好，就這麼說定了——。可惜我和你們不同學校，不過，如果真的出事了，我一定會履行承諾。大家要不要勾勾手？」

四名少年和勝子互相勾緊了手指。

冬天晝短夜長，天色已暗。

小哥白尼、北見和浦川三人要在天黑之前回家。水谷家的女佣拿來三包白棉布包裹，讓他們帶回家。小包裹裡面有高級點心和漂亮的大蘋果。勝子說：

「浦川還有弟妹吧，帶回去給他們吃！」

她拿了漂亮的銀色紙張把糖果包起來，分量差不多可以放進浦川外套的口袋。

他們三人各自收下伴手禮，離開水谷家。水谷和勝子送他們離開，一起走到附近。勝子騎著自行車，緩緩地踩著踏板前進，距離其他人忽近忽遠。

他們來到能眺望品川海景的山坡上，勝子輕巧地跳下自行車。大家停下腳步，互相道別。

小哥白尼三人往山坡下走，昏暗的夕陽已經如霧般地降臨眼前的城市，四處都有電燈開始亮起。可以看到省線電車像滑行般地駛過。山坡和道路相鄰處可以看到市內電車和汽車忙碌地交錯。夕陽中湧現了城市的熙熙攘攘。

三人突然開始想家，加快腳步走向品川車站。

舅舅的筆記本

什麼樣的人才是偉大的人？

小哥白尼：

你突然開始崇拜拿破崙，舅舅嚇了一跳，不過聽你說了事情的來龍去脈之後，我想應該是受了水谷的姊姊影響。

拿破崙的一生的確非常精采。即使在人類漫長的歷史中，也很少有人能像他一樣，有這麼輝煌的生涯。直到現在，不只你們，其實世界各地都有許多年輕人佩服拿破崙。不管在什麼國家，拿破崙的傳記都一直很暢銷。

對了，我曾經告訴過你，當你覺得感動的時候，記得仔細回想，思考那件事的意義。今晚我們就一起想想看，為什麼拿破崙的一生會讓我們這麼感動。

首先，回顧拿破崙的生涯，他精采輝煌的事蹟實在令人嘆為觀止。

拿破崙的父母是柯西嘉島的落魄貴族，所以拿破崙是在貧苦的環境中長大。他在你們這個歲數的時候，便離開了父母，進入法國的軍校；同儕當中有許多富裕的貴族子弟，所以拿破崙總被人看不起，沒有朋友，形單影隻。離開學校之後，他成為部隊的軍官；在少尉中尉時代，他還是很窮，無暇像一般年輕人一樣享樂。他和聲色犬馬的生活無緣，總是一個人默默用功讀書，是個蒼白陰鬱的青年軍官。

然而，就在他二十四歲那年，法國發生了大革命，在大動亂期間，這位貧窮將校一躍成了少將。在人民軍攻陷多隆要塞之後，他因表現優異，得以展現軍事長才。

後來，正如你們所知，拿破崙帶領軍隊越過阿爾卑斯山。他率領裝備不足、訓練不足的渙散軍隊，突然越過阿爾卑斯山脈，氣勢如虹地入侵義大利的平原，又立刻擊潰奧地利大軍，之後又接二連三地攻下義大利的都市。不論帶兵打到哪兒，總是勝利、勝利、勝利。他們帶著大批戰利品回到巴黎，得到巴黎人民熱烈的擁戴，成為眾人景仰的凱旋將軍。

當時法國大革命已經結束，政爭越演越烈，國內情勢一直動盪不安。法國人民一心希望重整國內秩序與和平，拿破崙便趁著這個機會，以武力改造政府組織，慢慢掌權。剛開始他成為三位執政官的其中之一，之後成為終身執政官，最後終止法國的共和制，登上王位。小哥白尼！你猜當時拿破崙幾歲？三十五歲。他在短短十年內，從毫不起眼的貧窮軍官躍升為法國皇帝，一路扶搖直上。這真是難得一見的成功故事。

拿破崙成為皇帝之後，依然氣勢如虹。歐洲各國以英國為中心結盟，數次想打倒拿破崙，都以失敗告終。歐洲盟軍屢屢挑釁宣戰，反而讓軍人出身的拿破崙更有機會發揮軍事天分，在奧斯特里茨、耶拿、華格姆，拿破崙都贏得了名留青史的勝利。荷蘭很早就已經臣服，接著義大利半島也受拿破崙支配，德國也屈服在拿破崙的威權之下，最後西班牙也順從他的勢力。在那一段時間，整個歐洲大陸，除了東邊的俄羅斯之外，全都服從拿破崙的命令。西元一八〇八年，拿破崙在耶爾福特召開全歐洲會議，德國有四個國王、三十四個王侯群聚一堂向他致意。拿破崙與滿朝的各國王侯一起觀賞特地從法國帶來的知名演員達爾瑪的表演。當時拿破崙真的是名副其實的王中之王。

在拿破崙的全盛時期，歐洲大陸幾千萬人口的命運就這樣受他一個人的意志擺布。他攀上權勢的巔峰。然而，他——在幾年內就從巔峰墜入毀滅的深淵。拿破崙沒落的轉捩點，你們應該也知道，是遠征俄羅斯失敗的戰役。

拿破崙究竟為什麼出兵攻打俄羅斯？因為俄羅斯不聽拿破崙的命令，不肯中斷和英國之間的通商關係。英國仗著自己是和歐洲大陸分離的島國，絲毫不向拿破崙的權力妥協，從頭到尾一直和他處於敵對狀態。拿破崙為了讓英國吃點苦頭，徹底禁止歐洲大陸和英國通商，不過這本來就很困難，政策遲遲無法奏效。最後拿破崙非常生氣，決定大舉遠征俄羅斯。——眾所周知，拿破崙落得慘敗的下場。剛開始在戰役中贏得大勝利，甚至一度攻占俄羅斯首府莫斯科，可惜後來拿破崙軍隊再怎麼強，也抵擋不了嚴寒和糧食匱乏的情況，最後不得不開始撤退。在冰天雪地中忍受飢餓咬牙撤退的途中，有幾十萬士兵虛脫凍死。沒有凍死的人也慘遭遊騎兵追擊而死。入侵俄羅斯之初，法國軍隊有六十多萬人，回程時卻只有不到一萬人離開俄羅斯邊境，可見戰事有多麼慘烈。

征戰俄羅斯大敗的消息傳遍歐洲，最快起義反抗拿破崙的是普魯士；普魯士長期以來一直想脫離拿破崙的壓迫，早就伺機叛變。隨後歐洲其他國家也群起反抗，再次締結同盟，進攻法國。最後拿破崙終於面臨滅亡，手下的軍隊無法擊退聯軍，戰敗後被捕，流放到厄爾巴島。之後他曾經從厄爾巴島逃出來，再次召集軍隊，在著名的滑鐵盧之戰奮力做最後一搏，可惜他在這場戰役依然落敗，最後被流放到非洲西邊的聖赫勒拿島，如囚犯般遭到監禁。島上氣候惡劣，拿破崙當了五年半的階下囚之後，孤單辭世。

對了，拿破崙在最後的滑鐵盧之戰落敗時，剛好四十六歲。他在十年內從貧窮士官扶搖直上成為皇帝，又在十年內從皇帝成為落難俘虜。他精采的人生就是這二十年的歲月；其實他的一生都濃縮在這二十年裡。

雖然只是短短二十年，卻是了不起的二十年。在這段期間，他從一個天分過人的貧窮士官躍升為支配全歐洲的帝王，然後又從高高在上的王位重重一摔。不過，吸引我們的不只是這些戲劇性的變化，還有拿破崙在這二十年的經歷，幾乎已經超越人的範疇。

這二十年恰好發生在十八世紀末至十九世紀初，當時歐洲從法國大革命開始，一直動亂不斷，風起雲湧。問題接二連三爆發，要是在其他時代，可能要長達五十年、一百年才會發生同樣多的事件。而且這段時期的歷史事件幾乎都和拿破崙的名字脫不了關係。

小哥白尼！你是否聽說過，大多數人當了兩、三年日本總理之後都會累壞身體。實際上的確有許多人因為當總理而犧牲了健康，縮短壽命。沒有什麼歷史大事件、處於一般時期的一國總理就已經這麼忙、這麼消耗精力。——先記住這一點，再重新看看拿破崙的生涯。他必須在大動亂之後建立法國的新秩序，遏止外國持續的干擾，處理完這些國家大事之後也無暇休息，還得處於歐洲國際政治的中心，在外交關係的波濤洶湧中屹立不搖。他承擔這麼多工作，不僅一手裁決國內問題、外交問題，還接連帶兵征戰歷史上首見的三、四場大戰爭，每次都親自披掛上陣，指揮大軍。他旺盛的精力實在驚人。

他令人敬佩的不只是攬下這麼多工作、不斷努力的堅忍性格。以戰爭來說，除了遠征俄羅斯失敗之外，拿破崙指揮戰爭的表現至今仍被奉為戰術的典範。至於戰爭以外，他時時保有大丈夫的決策力，行動積極，從不曾猶豫不決、曖昧不清。他不露半點疲態，時時精神奕奕，不論面臨多麼困難的局面，都展現不屈的鬥志和王者應有的自信優越。——看到一個人能這麼強悍、這麼活力充沛，任何人都會忍不住驚嘆。就連歌德這種熱愛人道和平、為人類進步帶來希望的大文豪，一談到拿破崙，也掩不住內心的讚嘆，佩服拿破崙源源不斷的活動力和天才般的決策力。

沒錯，拿破崙的確是偉大的人物，是不愧英雄名號的英雄。他在青年時代從逆境奮發向上，一路攀上權勢的巔峰；這段日子充滿年輕活力、精采燦爛、機敏靈活，閱讀他的傳記總令人振奮不已。他是世界歷史的王者，在全盛時期君臨全歐洲，猶如太陽一般壯麗。他沒落的過程也是一場壯闊的悲劇。連歌德那樣的大文豪都忍不住讚嘆，所以你們崇拜拿破崙也是理所當然。可是——可是，小哥白尼，你們千萬不能忘記，**我們讚嘆拿破崙的一生是為了他過人的行動力**。

我們真的忍不住驚嘆，原來人可以發揮這麼強的行動力。不，不只是驚嘆，甚至感到人的堅毅不拔。正因為如此，我們閱讀拿破崙傳記時才會感到熱血沸騰，而且至今仍有許多人熱愛他的傳記。——不過，行動力、過人的精力到底是什麼？那應該是人類成就某件事的能力、為世界實現某種目的的能力。

我們固然讚嘆拿破崙偉大的行動力，還是可以思考這個問題——

究竟拿破崙靠他過人的行動力成就了什麼？

小哥白尼，這個問題不只適用於拿破崙，也應該用來審視任何偉人和英雄。被奉為偉人和英雄的人都不是凡人，他們有過人的能力，能完成一般人做不到的事。以過人的能力這一點來看，這些偉人英雄都有讓我們甘拜下風的地方。可是，在我們甘拜下風的同時，還得大膽質疑：究竟他們靠著非凡的能力成就了什麼、他們成就的非凡的事又造福了誰？畢竟，靠著非凡的能力也可能成就非凡的壞事。

對了，小哥白尼，當我們提出這樣的質疑，關鍵在於清楚回顧人類幾萬年來不斷進步的漫長歷史。因為不論是拿破崙或是歌德——當然，是太閤秀吉也好，是乃木大將也好，所有人都生於人類漫長的歷史，也在人類漫長的歷史中死去。

你應該也知道，人類剛開始胼手胝足創造這個世界，靠著互助合作的力量，脫離和野獸一樣的生活狀態。剛開始只用非常簡單的工具，之後發明許多技術和機械，將自然界改造得越來越適合人生活。在這同時，人又創造了學問和藝術，慢慢地將人的生活變得光明美麗。人類的發展猶如從遠古流過來、又往長遠的未來流去的悠悠長河。日本的歷史始於二千六百年前的神武天皇，埃及文明始於六千年前，堪稱源遠流長；可是在那之前，還有幾萬年歷史未被記錄成書。今後人類還會延續進步的歷史，也許幾萬年、幾十萬年。想想這悠悠的歷史洪流。二、三千年的歲月都算短暫，更別說每個人的一生，幾乎只算一瞬間。

小哥白尼，倘若你以心靈的眼眺望這廣大的歷史洪流，重新看看那些偉人英雄，將有什麼新發現？

你一定會發現，以前在你眼中顯得巨大的偉人英雄，說穿了只不過是在歷史洪流中飄浮的水滴。還有，如果不和這股洪流緊密連結，再怎麼非凡的人所做的事都只是虛無。——在那些偉人英雄當中，有些人著眼於這股洪流，畢其一生，徹底發揮非凡的能力，推著歷史洪流

品格形塑經典，
影響日本深遠的一本書

你想活出
怎樣的人生？

君たちはどう生きるか

吉野源三郎——著
脇田和——繪　陳昭蓉——譯

你還有一萬種樣子，就像水一樣。

自己感動，感動別人

有時候，我覺得自己的力量很渺小，房門上的單槓只能拉六下，但有時候，我又覺得自己還不賴，可以不靠權勢不靠爸，就可以把自己的體重帶離開地面六次，並不輸 SPACE X 的火箭太多。

能夠尊重自己，就是自重，當你自重，你就不會有太多侮辱自己的行爲。不過要是可以，更要把那個拉完單槓六下的愉快自信心情，試著帶給別人。那是你經過六下咬牙切齒得來的良美，它當然有分享給人的價值。

要是每個人都可以把自己舉起來，那台灣不就站起來了，甚至可以飛起來了？

跟看待自己一樣，我從不認爲台灣會巨大，但我們創造的故事，沒道理一定會不偉大。

我欽佩宮崎駿導演分享影響他人生的好書，那感動他的，一定有很強的動力，帶給他行動的力量。

我們雖然不如他的才情，但感動我們的，只要我們肯分享說出那故事，一定也會感動別人，在世界的另一個地方，推動奇妙的事發生。

物理學有個名詞叫「作功」。讓世界被改變，作出功來，那就是成功，儘管有時你不知道。

我們都是小小水分子。我們都是自己的成功人士。

把自己的感動，感動別人，這是我認爲理想的感動。

本文作者為廣告導演、全方位創意人、父親

朝正確的方向前進。有些人則為了完成自己個人的目標而努力，卻在不知不覺中推動了人類的進步。還有些人驚世駭俗，集世人目光焦點於一身，可是從歷史洪流的角度看來，卻對人類毫無幫助。也有不少號稱偉人英雄者，不但沒有推進、反而妨礙人類的進步。同一個英雄做的事，也可能有些是順著歷史長河，有些則是逆流而行。形形色色的人出現在人類歷史上，做了許許多多的事；如果一個人成就的事最後無法和歷史洪流一起延續，就會消逝於虛無。

小哥白尼，就連拿破崙這樣的人也是其中一例。現在我們一起重新回想拿破崙的一生。

拿破崙剛跨出成功的一步時，法國人民正為了推翻封建制度、建立新社會秩序而

拋頭顱灑熱血。可是，當時歐洲各國依然實行封建制度，擔心法國建立新國家之後會危及他國，所以紛紛出兵協助舊政府打倒新政府。法國同時面臨內憂外患，處境艱苦。然而，在艱苦的情況下，法國人民勇敢奮戰，從不屈服於困難。男性都有服兵役的義務，倉促地組織軍隊，抵擋從四面八方湧來的外敵。當時歐洲各國的軍隊通常採用傭兵制度，聘僱士兵組織軍隊，士兵領薪水，為了錢打仗。可是組成法國軍隊的士兵都是因為有了新政府才獲得自由的民眾，他們為了自己深愛的祖國犧牲性命也在所不辭。創造新時代的法國人民，在自由、平等、博愛的旗幟下，充滿勇氣與精力；這是傭兵作夢也想不到的。所以，雖然法國軍隊缺乏武器彈藥，也沒有接受足夠的正規訓練，卻能精力充沛地迎戰外敵，最後成功驅逐外敵，保護祖國。率領新的法國軍隊，設計適合新軍隊的戰術，將歐洲各國的舊式軍隊打得節節敗退的人，正是拿破崙。

因此，至少拿破崙在成為皇帝之前，的確發揮力量保護法國，讓法國人民能努力打倒封建制度，建立新的自由社會。不，不只如此。他還付出心力獎勵研究學問。你閱讀《世界之謎》的〈謎的文字〉應該知道，拿破崙遠征埃及時，讓大批學者和藝術家跟著軍隊，以便進行埃及文化研究。當時發現的「羅塞塔石碑」，後來成為解讀埃及文字的重要關鍵，足見拿破崙的決定對日後埃及學的發達有多麼大的幫助。

後來法國人民厭倦了無止境的內亂，渴求國內秩序與和平；拿破崙順勢集所有權力於己身，藉著自己的力量建立新的社會秩序，穩定局勢，所以他出於個人野心的行動也對社會有益。在封建制度瓦解之後，多虧拿破崙才能清楚建立新社會秩序。他召集學者，以法律清楚界定何謂新的社會秩序，也就是知名的《拿破崙法典》，日後還成為各國法律的典範。在拿破崙成就的事業當中，這可說是最大的豐功偉業。你也許會感到驚訝，就連我們日本人都受惠於這部法典。

日本也在明治維新時廢止封建制度，成為四民平等的社會。政府立刻面臨該如何制訂新的社會秩序的問題，尤其煩惱的是該如何界定人民之間的關係。當時日本制訂了最早的民法，參考的典範就是《拿破崙法典》。民法後來經過諸多修改，但是基本架構一直沒有變。新的日本在這個軌道上穩定前進，隨後工商業發展才能突飛猛進，創下日本開國以來首見的進步。

拿破崙對封建時代之後的新時代貢獻良多，又順著時代進步的機會，一次又一次地獲得耀眼的成功，最後成為皇帝，開始利用權力得到更多權力。他為了無止境地增強自己的權勢，慢慢成為世上許多人厭惡的人物。

拿破崙最大的失敗是為了教訓和自己唱反調的英國，禁止整個歐洲大陸與英國通商。他相信只要靠著自己的權勢，就能禁止各國通商。他也認為，為了鞏固自己的權勢，必須貫徹這項政策。然而，當時英國獨占世界的海上貿易，不和英國通商並不會讓英國嘗到苦頭，反而是讓歐洲大陸的幾千萬人民吃苦。後來歐洲人連每天要吃的砂糖都不夠。歐洲再怎麼努力種植甜菜，也無法生產足夠所有人口食用的砂糖。不論拿破崙的權力再怎麼強，也無法扼殺幾千萬人生活的需求。他明定嚴懲方法並嚴格取締，可是人民無法遵循這項命令。拿破崙費盡苦心制訂的政策以失敗告終，還激起幾千萬人民的怨氣。

這時候又發生遠征俄羅斯的事。六十多萬將士浩浩蕩蕩地進攻俄羅斯，幾乎所有人都慘死在冰天雪地中。仔細想想，這真是大事。這些士兵來自歐洲各地，並非為了自己的國家才千里迢迢來到俄羅斯；他們既非為了祖國名譽而戰，也不是為了自己的信仰或主義而戰；不是為了捍衛任何東西而賣命，只是被拿破崙的權勢所拖累，為了他的野心而犧牲，空虛地死去。這六十多萬人也有家人，也有朋友，所以不只死了六十多萬人，還有幾百萬人因為這場戰爭而流下遺憾、痛苦的眼淚。

事情演變至此──拿破崙讓這麼多人痛苦，他的權勢已經變得對世界的進步有害，所以他遲早都會沒落，這是不可避免的。實際上歷史也這麼發展。

小哥白尼，仔細思量拿破崙的一生，我們可以清楚地了解：

號稱英雄、偉人的人物當中，只有對人類進步有貢獻的人才真正值得尊敬。在他們非凡的事業當中，只有順應人類進步所做的事，才真正有價值。

如果有空，你可以看看《為人類進步奉獻自己的人》。你應該會發現，同樣被稱為偉人，有些人和拿破崙的類型完全不同。

了解這麼多之後，你必須學習可以從拿破崙身上學到的。他奮鬥不懈的一生、他的勇氣、他的決策力，以及他鋼鐵般的堅強意志！如果沒有這些特質，即使想為人類的進步做出貢獻，也會力不從心。不管他處於多麼艱困的立場，也絲毫不曾示弱；不論命運多麼乖舛，他也不曾放棄。我們必須深刻學習這份堅毅不拔的精神。

你知道這個拿破崙的小故事嗎——

拿破崙在滑鐵盧落敗之後，在歐洲已沒有容身之地。他本來想從羅希佛的港口前往美國，可惜當時英國已經占領港口，所以他也成了階下囚。英國海軍只好先把他帶回英國。在他搭乘的英艦拜勒路楓號停泊在泰晤士河口那段日子，每天港邊都擠滿了看熱鬧的人。畢竟他曾是歐洲叱吒風雲、縱橫沙場二十年的無敵英雄；這個人人畏懼的拿破崙竟然成了俘虜，英國人當然覺得驚喜。尤其對英國人來說，拿破崙是他們從頭到尾不停對抗的敵人，英國也數次嘗到敗戰的苦果。現在他終於落入英國人手裡，而且還來到英國。每天都有大批看熱鬧的人湧入港邊，希望至少親眼看看拿破崙搭的船。

自從抵達英國之後，拿破崙一直把自己關在船上，所以即使聚集在港邊的人想看到他的身影，也無法如願。可是，有一天他突然想到外面透氣，終於出現在甲板上。

當大家注意到他戴著著名的拿破崙帽，意外地出現在甲板上，幾萬人都忍不住屏息凝神，原本嘈雜的港邊頓時鴉雀無聲。就在那一瞬間——小哥白尼，你猜發生了什麼事。幾萬名英國人不約而同地脫帽，安靜地站著，對他深深致敬。

拿破崙打了敗仗，在歐洲無處可以容身，被長年以來的宿敵逮住，帶回英國，可是他沒有一絲沮喪的模樣。即使身陷囹圄，依然不失王者風範，毫不畏懼地接受自己的命運。他的氣魄打動了數萬人的心，讓大家肅然起敬。這是多麼強大的人格啊。

——等你長大之後慢慢就會了解，**世上有許多和善之人雖有**

好心腸，卻因為性格懦弱而無法發揮善心。有很多人並不是壞人，卻因為過於懦弱，反而為自己和他人帶來不幸。和人類進步脫鉤的英雄精神固然空虛，缺乏英雄氣魄的善良往往也一樣空虛。

你現在一定也有類似的體會吧。

6 下雪那一天的事

第三學期開學之後，小哥白尼他們聽到的傳聞立刻在低年級生之間傳開。年紀還小的孩子們人心惶惶，深怕會發生什麼可怕的事。過了一星期、兩星期，轉眼到了二月，大家擔心的事並沒有發生。也許是因為四、五年級的學生即將面臨升學的入學考，忙著念書準備考試，沒空管那些低年級生。大家也覺得傳聞只是空穴來風，傳久了自然就會消失。

可是每當小哥白尼在運動場碰見四、五個柔道社的人成群結隊，心裡還是隱約感到不安。尤其是在走廊碰巧遇見那群人的時候，不能假裝沒看見，也只能從他們身邊走過去。那種感覺真不舒服。對小哥白尼來說，黑川那幫人看來就像高大頂天的壯漢。黑川臉上的皮膚坑坑疤疤，就像橘皮一樣；每次在走廊巧遇，黑川總會莫名其妙地對小哥白尼笑，讓小哥白尼覺得背脊發涼。

另一方面，最讓人擔心的北見反而毫不在意。即使碰見柔道社那群人，北見也絲毫不壓低目光；對方像港口船夫一樣搖晃著身子走來，北見反而故意抬頭挺胸，和他們擦身而過。擦身而過之後，北見還故意回頭看著那一大群人的背影，肆無忌憚地說：

「搞什麼啊，穿得像山賊一樣！」

小哥白尼和北見走在一起，很擔心那幫人聽到北見的話，總是心驚膽跳。

同樣被高年級生鎖定的山口則像老鼠見到貓，鬼鬼祟祟，躲躲藏藏，盡量避免出現在他們的視線範圍。到了下課時間，山口總是到距離運動場有點遠的劍道場後面或雨天體操場後面，和自己的手下聚在一起玩。多虧山口膽小，浦川才能不再被他們欺負，每天都過得消遙自在。

——不知不覺，過了紀元節，二月也沒剩幾天，學校同樣風平浪靜。就連膽小如鼠的山口都開始慶幸：「看樣子應該沒事了。」然而，就在這時候，小哥白尼他們碰巧因為瑣碎的小事，面臨他們一直擔心害怕的事。

事情發生在下雪的那一天。前一天傍晚開始窸窸窣窣地下著雨夾雪，到了晚上完全轉為下雪，隔天早上也沒有停止的跡象，一直下到中午。

已經很久沒下雪了，學生們眼睛為之一亮。之前四、五天一直寒氣逼人，天色陰暗，讓人連心情都冷得縮了起來；等到真的下起雪來，每個人的表情頓時開朗。早上還下著雪，就有幾名學生興沖沖地跑到運動場，在雪地裡玩了起來。

到了中午時分，雪停了，猶如剛擦拭乾淨的藍天露了臉，太陽也立刻照耀大地。午休時間的運動場熱鬧滾滾，整個場地一片雪白，四周閃閃發光，亮得令人睜不開眼。運動場上有幾百名學生，來回移動；你追我，我追你，偶爾有人跌倒，不時撞在一起，歡笑聲此起彼落，不斷在空中交錯。雪球在陽光下亂飛。有些孩子像拍水似的拍著積雪，雪花四濺。才剛看到這些孩子，馬上又發現有個巨大無比的雪球穿過人群，出現在大家眼前。有五、六個人一起把雪球滾了過來，猶如一團大蜂窩般的爽朗讚嘆聲在明亮的空氣中滿溢。——小哥白尼他們當然也在這歡樂的漩渦裡。有些人拿雪球砸來砸去，有些人彼此拉扯互推倒地，有些人像小狗轉圈似地四處跑。他們滿身大汗，臉上呼呼地散發熱氣。

四十五分鐘的午休時間一下子就結束了。下午的上課鐘響，大家依依不捨地往校舍方向撤退。幾百名學生成了黑色人流，被吸入校舍，留下被學生踏得亂七八糟的積雪廣場。廣場上處處可見大大小小的雪人，剛才午休時它們都淹沒在人群中，現在則以奇怪的姿態各自面對不同的方向。

到了下午，小哥白尼一直無法專心上課。體內的血液還強力地在全身流動，窗外的雪在陽光下閃閃發光，反射的光線照得教室天花板都變得明亮。可能其他班級上體育課在玩打雪仗吧，有時還會聽到大聲的歡呼。小哥白尼的眼神不由自主地飄向窗外。

所以，等撐到最後一堂課結束，小哥白尼就好像脫韁野馬一樣，把課本和筆記本丟進書包，飛奔到走廊，立刻衝向運動場。他動作敏捷地做了三、四顆雪球，看到北見和水谷一邊說話一邊走了出來。他們兩人似乎完全沒有注意到小哥白尼在那兒等著。小哥白尼狡猾地笑了，不跟他們打招呼，突然丟了一顆雪球。明明距離有點遠，雪球卻漂亮地正中北見的後腦勺。

北見嚇了一跳，看來有點動怒，環顧四周。

「誰！」

北見還沒找到兇手，眼睛轉啊轉地四處找；小哥白尼見狀，忍不住笑了出來。

「在這兒！」

小哥白尼對他們叫。北見發現小哥白尼在那兒，原本怒氣沖沖的表情變成了笑臉。

「你這傢伙！」

北見一邊說，一邊拿下肩上的書包，掛在校舍的釘子上。

「開打了！」

北見回頭看了水谷一眼，立刻抓了一把雪捏成球。水谷也急忙把書包掛好，趕緊開始捏雪球。捏好之後，兩人開心地笑著，眼神發亮，朝小哥白尼衝了過來。

小哥白尼站穩了腳步，丟出手邊的兩、三個雪球，統統沒打中，趕緊轉身往後跑。三、四個雪球在空中畫出白色拋物線，從後面飛了過來。

「追擊！」

北見大叫。北見和水谷像獵犬一樣，朝著小哥白尼追過去。

小哥白尼靈巧地穿梭在運動場上其他學生之間的縫隙，順利逃開。有時候他躲在胖雪人或雪人偶背後，倉促地捏雪球，瞄準朝自己靠近的北見和水谷丟了兩、三個，然後拔腿就逃。有個很硬的雪球命中北見的手臂，水谷的下巴也被打中。他們兩人更加興奮，緊追著小哥白尼。一個強而有力的雪球「碰！」的一聲打在小哥白尼的背上。

小哥白尼四處竄逃，北見和水谷緊追在後。三人在運動場到處跑，繞過其他學生，慢慢移到運動場旁邊。小哥白尼玩得渾然忘我。不知不覺中，小哥白尼感覺自己就像拿破崙，在後面追趕的兩人是奧地利及俄羅斯聯軍，這場戰爭就是華格姆戰役。

——小哥白尼把運動場邊的大型雪人當成自己的陣營，雪人頭上戴著花盆當土耳其帽，一隻手伸得長長的。他躲在雪人後面，不斷地發射雪球攻擊敵人。之後他看準時機，離開這個陣地，又跑到下一個地方。小哥白尼一跑，北見和水谷又大聲喊叫，衝了過來。

小哥白尼手裡還有兩個雪球。稍微跑近他們之後，小哥白尼停下腳步。好，就在這兒發射一個！他打算發射一次，給追過來的敵人一點顏色瞧瞧。可是，當小哥白尼轉過頭，心裡為之一驚。他們兩人明明該追過來的，卻不見蹤影。

他們怎麼不見了——。小哥白尼鬆懈戒備，看了看四周。仔細一看，剛才那個大雪人附近有一群人。有些人好奇地跑過去看熱鬧。小哥白尼也趕緊跑回去。

小哥白尼跑到附近一看，心頭不禁一震。北見和水谷站在那兒，被五、六個高年級生圍住。站在兩人面前的正是那個黑川。北見眉頭深鎖，抬頭站在那兒。水谷目光低垂，安靜地站在北見旁邊。

「道歉，快道歉！」

黑川雙臂交叉在胸前，低頭看著北見。

「把我們辛苦做好的雪人搞成這樣，什麼也不說就想跑，太不要臉了。」

「我不知道這是你們的雪人。」

北見依然抬頭挺胸地回答。

「不知道？你說謊！」

黑川指著旁邊的雪人大聲地說。

「看清楚！你把雪人弄壞了，還說你不知道，怎麼可能？」

戴著花盆的雪人原本伸長的手被折斷，作為軸心的竹子像骨折似的露了出來。

「我玩得很認真，跑到這兒來才碰到雪人。我真的不知道。」

北見喘著氣回答。

「閉嘴！」

黑川發出可怕的聲音。

「我們可不聽你狡辯，乖乖道歉就好。快道歉！道歉！你不肯道歉嗎？」

北見一直看著黑川的臉，過了不久，他以低沉的聲音說道。

「好，我道歉。」

「只要你道歉，我們就原諒你。好，現在對我們所有人一一道歉！」

北見低頭，靜靜地說：

「對不起。」

——小哥白尼在遠處看著，總算鬆了一口氣。剛才他很擔心，現在看來好像沒事了。可是，他才剛剛這麼想，馬上聽到那群高年級生以駭人的聲音你一言我一句。

「這麼小聲，聽不見。」

「大聲一點。」

「說清楚！」

北見低著頭，沉默不語。

「小子，大聲一點。」

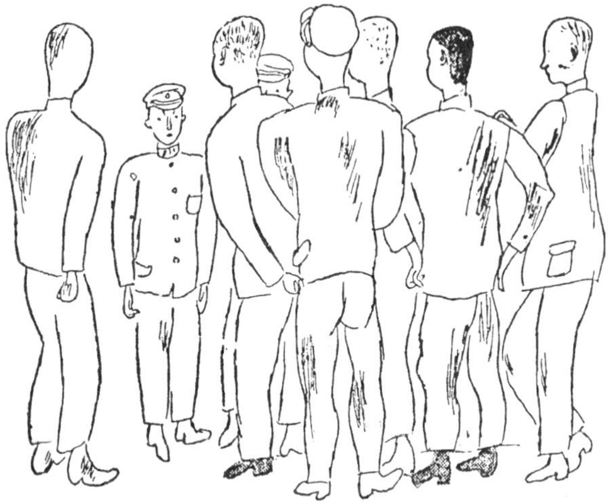

「怎麼跟蚊子一樣小聲……」

「說不出口嗎？」

北見聽著那群人叫囂，依然靜靜地站在那兒。黑川身邊有個左右微禿的高年級生不耐煩地喊叫。

「你沒聽到我們的話嗎？叫你大聲道歉！既然要道歉，就好好道歉！」

黑川也擺出老大的樣子，挺胸說道。

「北見！再大聲道歉一次，讓大家都聽到。乖乖道歉才是聰明人。」

北見抬起頭，一臉不甘心，雙眼炯炯有神，雙頰微微抽動。他的嘴唇顫動了一會兒，最後吐出一句：

「對不起！」

這次北見說得大聲又清楚，但是語氣聽來像是打了對方一巴掌。高年級生鼓譟了起來。

「什麼態度！」

「這算道歉嗎？」

「真囂張！」

大家鼓譟地逼近北見，黑川沉著地阻止他們，自己站到北見面前。

「北見！你太囂張了。」

黑川語氣平緩得令人毛骨悚然。

「你把我們當成什麼？」

「……」

「我們是你學長，你平常就太囂張了，明明是學弟，卻不把學長當學長，看到我們也不打招呼。之前你只是一年級生，我們不跟你計較，現在你擺出這種態度，我們也不能放過你。」

「對，好好教訓他。」

有人喊道。

北見還是不為所動，表情不悅，緊緊地抿著嘴，一句話也不說。圍觀的學生好奇事情會如何發展，目光來回掃射黑川和北見兩人的臉。小哥白尼驚慌失措。

他沒辦法挺身而出，也不能掉頭離開，只能膽顫心驚地看著他們。脖子裡的脈搏重重地衝撞血管。

就在這時候，水谷開口了。

「北見——北見不是故意的，只是一時失手，所以……」

「你閉嘴！」

黑川壓過水谷的聲音，繼續說道。

「北見！怎麼樣？以後你要當個好學弟乖乖聽話，還是要反抗我們？說清楚。要是說錯了，我們可不會放過你。」

北見依然不說話。

「你不說話，我們看不懂。到底要不要聽話！」

「我不要。」

北見悲痛地回答。他閉上眼睛，用力搖頭。

「你說什麼——」

那個小禿頭推開黑川站到前面來。他好像已經忍無可忍，逼近北見。正當他要動手打北見的時候，浦川不知從哪兒冒了出來，快步跑過來。

浦川站在小禿頭面前。

「北見沒有錯。我們——我們——」

浦川情緒亢奮，說不出話來。他可能也忘了自己想說什麼，只是不停地揮手，想說些什麼卻結結巴巴。

「你算什麼東西，閃開，賣豆腐的！」

小禿頭把浦川撞開。浦川被撞得搖搖晃晃，一屁股跌坐在雪地上。黑川那幫人高聲大笑。

他們的笑聲還沒停，眾人聽到令人毛骨悚然的一聲「啪」。小禿頭打了北見一耳光，他的眼神充滿了殺氣。

「你……學校有你這種低年級生，還有什麼紀律！」

語畢，小禿頭又逼近北見，水谷迅速地擋在兩人之間，剛才跌坐在地上的浦川也站起來會合。他們兩人嚇得臉色蒼白，渾身發抖，卻硬著頭皮站在北見面前，挺身保護北見。

——要衝過去就得趁現在。小哥白尼心想。可是他一這麼想，全身不由自主地發抖，鼓不起勇氣往前衝。他一直想著「趁現在，趁現在」，卻跨不出腳步，就這麼僵在原地。

「哼，這傢伙還真有趣。」

黑川誇張地大笑。

「你們和北見站在同一陣線。你們要和北見一起反抗我們。真有趣。有膽就試試看！」

黑川的眼光掃過站在四周的低年級生。

「還有沒有北見的同夥，統統站出來！」

他的聲音聽起來很嚇人。小哥白尼忍不住低頭。他不由自主地把拿著雪球的手藏到背後。

「這兒還有北見的同夥吧。有種就站出來！」

小禿頭跟著黑川大喊，陰險的眼神緩緩掃過低年級生的臉孔。小哥白尼感覺那股眼神掃到自己，不由得背脊發涼。藏在背後的手不知不覺地鬆開，偷偷地把雪球丟掉。小哥白尼一直不敢把頭抬起來。

「啊！」

小哥白尼聽見水谷大叫。接著，他又聽到黑川宣布：

「北見！教訓他。」

碰、碰。小哥白尼聽到兩聲拳頭揍在身上的聲音。

「打他，打他。」

黑川的同夥齊聲大叫。小哥白尼害怕地抬頭看，發現北見倒在雪人腳邊，浦川和水谷緊靠在他前面，站著抵擋不斷飛來的雪球。雪球接二連三地從後面飛來，一一命中水谷和浦川的臉、胸、腰。可是他們兩人不為所動地站著，並沒有離開北見身邊。

噹、噹、噹……

校舍那兒傳來上課鐘聲。小哥白尼他們已經放學了，但是高年級生還有課沒上完。他們聽到鐘聲，各自拋下最後一句話，揚長而去。

高年級生離開之後，水谷靠過去攙扶倒在地上的北見。浦川撿起掉在地上的帽子，幫北見戴上。北見咬牙站了起來，突然大喊：

「畜牲！」

他突然把身子撞到雪人身上。雪人應聲腰斬，上半身倒在地面，砸得粉碎。北見看也不看，整個身子撲向水谷，抱著他。

「真不甘心！」

剛才一直強忍著的眼淚彷彿潰了堤，啜泣聲從咬緊的牙縫間流出，北見把頭埋在水谷肩上，身體開始抽動，哭了起來。水谷也跟著熱淚盈眶。他們緊緊擁抱，忍不住痛哭。浦川看了，也壓抑不住情緒，跟著哭了出來。他把骯髒的手掌蓋在臉上，眼淚沾溼了整個臉。

在場的低年級生和二年級、三年級生看到黑川他們離開之後，紛紛靠近三人身邊，看到他們相擁而泣，也不知道該對他們說什麼，小聲地交頭接耳之後，先是兩個人離開，三個人離開，不知過了多久，所有人都走了。最後只剩下抱頭痛哭的三人和小哥白尼。

小哥白尼低著頭，氣餒地站著。他臉色蒼白，眼神漠然地盯著自己的腳，身子一動也不動。太陽又從運動場對面的校舍上方發出耀眼的光芒，在小哥白尼身後拉出長長的影子，顯得無比寂寥。

是的。小哥白尼已經墜入黑暗的世界。

膽小鬼

膽小鬼

膽小鬼

即使他不想聽，還是會聽見這無言的聲音。正月初五那天，在水谷的房間，大家明明說好了如果挨打就一起挨打，小哥白尼卻不守信用。眼看著死黨北見挨打，自己卻沒有抗議，沒有出手幫忙，只是可恥地袖手旁觀。而且水谷和浦川信守承諾，拿出男子漢本色，和北見同生死共患難——

小哥白尼抬不起頭來。現在北見他們在離小哥白尼僅僅五、六公尺處相擁而泣，小哥白尼眼睜睜地看著，卻無法靠近，也無法和他們說話。到剛才為止，自己和他們還是交情那麼好的朋友，現在卻成了永遠無法接近、生疏的關係，這些朋友已經離自己遠去。小哥白尼覺得彷彿只有自己一個人墜入漆黑的谷底，被留在高高的懸崖下面，再也爬不上去。自己怎麼會做出這麼惡劣的事，怎麼會犯這種無法彌補的錯誤。——小哥白尼不明白自己為什麼會這麼做。

小哥白尼低著頭，剛才那十五、六分鐘內發生的事就像噩夢般浮現在他腦海。被體型壯碩的高年級生包圍卻依然抬頭挺胸的北見，黑川的側臉，小禿頭惡狠狠的眼神，水谷挺身而出保護北見時堅定的神情，快要哭出來還拚命想擠出幾句話的浦川……。當時自己也想衝過去和水谷、浦川一起站在北見面前。要衝出去就趁現在！要衝出去就趁現在！自己在心裡重複想了許多次，只可惜一直錯過時機，最後還是沒有站出去！

「其實我也……」

小哥白尼心想。

「其實我也很想衝出去幫忙，我根本不想自己逃跑，只是一直找不到適當的時機……」

可是，當黑川大聲喊著「還有沒有北見的同夥，統統站出來！」的時候，是誰不由自主地把拿著雪球的手藏到背後？是誰看到小禿頭瞪著自己的眼神，就把手裡的雪球偷偷地丟掉？小哥白尼想起當時的自己。也許沒有人注意到自己做了什麼，但是小哥白尼自己心知肚明。當自己感覺到臉上失去血色時的心情！當自己斜眼偷瞄四周確定沒有人看到的時候，自己的模樣！小哥白尼真想把這些記憶從心裡抹去。不管怎麼說，小哥白尼背叛了朋友。不管怎麼做，都無法抹去自己膽小的行為。完了，自己做了不可饒恕的事！自己做了不可饒恕的事！

小哥白尼覺得自己很丟臉，根本哭不出來。剛才三個人在閃閃發光的雪地上笑鬧追逐的情景，好像已經離自己很遠很遠了。

——小哥白尼站在那兒幾分鐘之後，感覺到北見他們要走了，才抬起頭。水谷說了一些話，北見不停點頭，然後開始往校舍的方向走去。

——他們三個要走了。想道歉就趁現在。如果錯過這次機會……

小哥白尼心想。雖然他心裡這麼想，卻還是無法鼓起勇氣跑到北見面前。難堪、丟臉！他全身好像被釘住似的，只能怯懦地朝著他們三人的方向偷瞄。

——只要北見往這兒看，只要他稍微笑一下……不，只要水谷喊我一聲……

小哥白尼在心中不斷祈禱。是啊，只要北見或水谷這麼做，小哥白尼就會奮力往他們那兒跑。他應該會哭著為自己的所作所為道歉。可是北見他們好像根本沒看到小哥白尼站的地方，直接朝著校舍走去。只有浦川稍微駐足，回頭看了小哥白尼。小哥白尼的眼神和浦川的眼神交會時，浦川面露同情，好像想對小哥白尼說些什麼，但是過了兩、三秒，在下一個瞬間，浦川也轉身背對小哥白尼，往校舍走去。

剩下小哥白尼孤零零一個人。他們三人彼此靠在一起往校舍走去，小哥白尼卻只能目送他們的背影離開。小哥白尼有生以來第一次覺得悔恨交加。最後他又錯過道歉的機會！後悔自己錯失機會固然難受，更令人難受的是他們三個

人感情這麼好！看起來這麼親！小哥白尼只能孤零零地看著他們，這實在令人難受。北見把手勾在水谷肩上。水谷扶著北見的肩膀。浦川也緊靠在北見身邊一起走著。

他們三個人一同經歷危險，一起嘗到苦頭，一起流下不甘心的眼淚。他們現在真的懷著同樣的心情，緊密交融。雖然還是心有不甘，但是，**擁有可以信賴的朋友帶來的喜悅，反倒被不甘心的情緒襯托得更令人陶醉。**——小哥白尼也能想像得到。正因為可以想像，小哥白尼更覺得自己沒有資格加入他們，非常丟臉。水谷從小學就和小哥白尼交情好，是他最要好的朋友，可是現在連看都不看他一眼，就扶著北見離開。浦川曾經那麼尊敬、信任小哥白尼，現在卻只對小哥白尼投以憐憫的眼神，一句話也沒說，掉頭就走。

——小哥白尼垂頭喪氣地佇立在雪中，凝視著他們三人逐漸遠去的背影。以前不曾嘗過的、痛苦而滾燙的淚水盈滿眼眶，模糊了他們三個人的身影。

小哥白尼無力地低下頭。

小哥白尼幾乎不記得自己是怎麼回到家的。拖著黑雨傘走在融雪的街道時，坐在省線電車時，浮現在眼前的盡是當天的許多場景。每次想到他們三人丟下小哥白尼的最後一幕，小哥白尼的眼裡總會一次又一次地湧現淚水。

回到家之後，媽媽特地做了熱騰騰的鬆餅，小哥白尼卻吃不到一半就不吃了。晚飯也食不下嚥。媽媽忍不住擔心。

「肚子痛嗎？」

聽到媽媽這麼問，小哥白尼還是不說話。

「身體不舒服嗎？」

聽到媽媽這麼問，小哥白尼依然不回答。

「你怎麼了，臉色這麼難看……」

媽媽把手放在小哥白尼額頭上，燙得像火似的。拿體溫計一量，竟然發燒超過三十八度。小哥白尼白天流了汗之後一直站在雪地很久，所以感冒了。原來他真的生病了。

媽媽趕緊鋪床，讓小哥白尼上床睡覺。她拿了冰袋在小哥白尼額頭上放好，也讓他吃了阿斯匹靈。媽媽在一旁照顧的時候，小哥白尼也幾乎沒有說話。其實他並不是因為身體不舒服才不想說話，而是故意假裝冷淡，以免眼淚潰堤，忍不住大哭。媽媽對小哥白尼越好，小哥白尼表現得越冷漠。

不過，媽媽可能以為小哥白尼是因為生病才態度冷淡。小哥白尼蓋了幾層被子以便吸汗，媽媽拍了被子邊緣幾次，才把燈關了。

「今晚好好休息。」

媽媽說完，靜靜地離開房間。

房裡剩下小哥白尼一個人，他一直閉著眼睛。然而只要一闔上眼，腦中又會想起運動場上發生的事。黑川可怕的臉，小禿頭的眼神，倒在雪地上的北見，還有——還有把自己一個人拋在後頭、那三個人的背影！小哥白尼咬著被子邊緣哭了起來，連自己都能感覺到眼淚簌簌地滴到枕頭上。

——他們三個丟下我。他們已經不再和我這麼要好了。我這麼痛苦……

小哥白尼再也壓抑不住，掀開被子。冷空氣穿過睡衣，碰觸到肌膚。頭熱得發燙，背脊卻直發冷。每次身體發冷，身子就不停顫抖，可是小哥白尼並不想蓋被子。

——最好病得越來越嚴重！越來越嚴重、越來越嚴重，如果最後我病死了……

到時候，北見他們也會諒解我吧。

7 石階的回憶

小哥白尼感冒惡化，在病床上待了將近半個月。有一陣子他病得厲害，家人甚至擔心會引發肺炎。曾有三天，不分早午晚，他都一直發燒到將近四十度，非常痛苦。多虧媽媽不眠不休地照顧他，從第四天開始，燒總算開始退了，痛苦程度也減輕了不少。第一週他已經可以在床上看書，但是輕微發燒和咳嗽的症狀一直沒好，所以小哥白尼一直在病床上休息。

平時就算小哥白尼稍微感冒了，也會說「這點小病沒什麼」，勉強去上學，這次他竟然乖乖地聽醫生的話，在床上靜養。他太安靜了，反而讓媽媽擔心。究竟怎麼了，到底出了什麼事——媽媽有時候會歪著頭，想也想不透。

小哥白尼躺在床上，還是不停回想當天在雪地上發生的事。他越想，越覺得自己沒有臉到學校去和北見他們碰面。幸好自己從那天起就生病，沒有去上學，所以至今都還不必看到北見他們。可是，這種情況不可能一直持續。總有一天得去上學，總有一天得和他們三個人見面。小哥白尼想到這兒，心裡總覺得不安。

然而，小哥白尼也不希望自己真的永遠都不再和他們見面。以前這麼要好的水谷、這麼信任自己的浦川、相處起來這麼自在的朋友北見——如果他們三個不理我，我得和他們永遠道別……光是想想就覺得受不了。

「我該怎麼辦？」

小哥白尼把下巴埋進被子邊緣，茫然地盯著天花板，沉思了幾個小時。

坦白說，要和他們三個人見面真的很痛苦，但是他真的希望能和他們重新當朋友。不，**他真的非常非常希望如此**。所以，他只能道歉，讓他們三人消氣——小哥白尼也知道這個道理，可是，該怎麼道歉才好？

小哥白尼腦中浮現許多藉口。高年級生出手打北見他們的時候，北見和水谷一定不知道小哥白尼從一開始就在旁邊看。如果小哥白尼說他是察覺有異樣才回去看看，當時北見他們已經挨打了，說不定北見他們也不會發現真相。

「只要這麼說，北見也不會氣我沒有當場出面。因為我不是沒有出面，而是來不及出面——」

小哥白尼心想。但是他一想到浦川，就覺得無法扯謊。浦川也在圍觀的人群中，他可能知道小哥白尼從一開始就在旁邊看。這樣一來，他們馬上就會發現小哥白尼說謊。

如果拿生病當理由，如何？

「當天一陣騷動的時候，我全身發冷，冷得受不了。一定是那時候就已經生病了。身體很不舒服，非常不舒服，勉強撐著一口氣才能站在那兒。我沒有出面幫忙，真的很對不起你們。看在我生病的份上，能不能原諒我？」

以這種說法道歉，大家應該會大方地原諒自己吧。可是，出事之前明明還和大家嘻笑打鬧，下一刻突然身體不舒服，這種情節任誰也不會相信。仔細想想，這個藉口也行不通。

不然這種說法如何——

「我按照約定，準備要衝到黑川他們面前，但是心裡閃過一個念頭。現在我應該不要輕舉妄動，仔細在一旁看著，之後才能當證人。這樣一來，老師才會相信我們說的話，黑川他們也一定會受罰。為了幫北見討回公道，至少我得忍耐，在一旁看清楚事實。當時我這麼想，才故意不出面的。」

其實只要這麼說，就能說明自己是深思熟慮的人，也能為自己辯解為何沒有信守承諾。可是，北見他們會相信自己的說法嗎？

「原來如此，真抱歉，我不知道事情真相，誤會了你，對不起。」

萬一北見相信了，反過來道歉，小哥白尼有臉面對他們嗎？不，如果他們這麼說，小哥白尼一定會受不了。這麼做才真的是欺騙朋友。

即使沒有別人知道，那段討厭的記憶依然清晰地留在小哥白尼心裡。黑川怒吼「還有沒有北見的同夥，統統站出來！」的聲音，聽到他的聲音便立刻不自覺地把拿雪球的手藏到背後的自己！怕別人看見，偷偷把雪球丟掉的自己！——這些記憶深深烙印在他腦海裡，他又怎麼能假裝自己是深思熟慮、了不起的人呢？他怎麼能欺騙自己呢？

一想到當時的自己，小哥白尼就越來越厭惡自己。要不是發生這件事，他簡直做夢也想不到，面臨生死關頭的時候，自己竟然會變成那麼膽小、卑屈的人。——同時，小哥白尼也深深體會到，人一旦做了什麼事就再也無法抹去。這也令他感到害怕。即使沒有別人知道自己做了什麼事，自己心裡也一清二楚，即使自己忘了，一旦發生過的事就覆水難收。在那當下自己做了如此不堪的行為，事後也絕對無法抹滅。

「我該怎麼辦？我該怎麼辦？」

小哥白尼凝視天花板，不自覺地咬緊嘴唇。天黑時分，在尚未點燈的房間裡，一個人想起這一切，總令小哥白尼感到難以言喻的寂寞。

小哥白尼變得沉默寡言，安靜沉思的時間越來越多。平時他就算生了病，只要身體稍微好一點，馬上就活蹦亂跳。每次小哥白尼生病，媽媽總會在不影響病情的前提下，順著他的意思。小哥白尼總是濫用生病的特權，要求很多。唯獨這次不同，即使媽媽說中午要準備蛋包飯給他吃，說要幫他拿俄羅斯點心來，問他想不想看什麼書，小哥白尼都只是悶悶不樂地回答。媽媽為了逗小哥白尼開心，特地在旁邊和他聊天，最後小哥白尼竟然說：

「媽，妳先安靜一會兒……」

小哥白尼臉色不悅，翻了個身，背對媽媽。媽媽擔心地皺起眉頭，忍住不多問，靜靜走出房間。這時候，小哥白尼聽到媽媽輕聲嘆氣；他繼續背對著媽媽，不停流淚。

這次的事對小哥白尼來說真的是件大事。以前他從不曾受到這麼大的震撼。爸爸過世的時候，他非常寂寞傷心，也經常流淚，但是當時他不須為過去感到悔恨，不必自責，只要盡情地傷心難過，就能得到救贖。然而，這次就算他再怎麼後悔，也已經無可挽回。這種念頭不停地折磨他。最近他常常半夜突然醒過來，便再也無法入睡。

——小哥白尼終於了解，什麼叫深刻地回想自己的行為和想法、認真地面對自己。

這樣的日子持續了好幾天。

小哥白尼的心不知不覺越來越空虛了。

不管在別人面前怎麼裝模作樣，自己背叛了朋友的事實一點也不會改變。這件事會一直糾纏小哥白尼，一直煎熬小哥白尼的良心。小哥白尼已經不找藉口了。他只是對自己的所作所為感到深沉的哀傷，對北見、水谷和浦川真的感到抱歉。他想誠實地對他們三人道歉，說聲「我錯了」。不過，光是道歉就能得到他們的諒解嗎？如果連小哥白尼都承認自己懦弱，他們是不是會對小哥白尼更失望？——一想到這兒，小哥白尼又忍不住開始猶豫。

到了星期天上午。

明亮的陽光照在病房的拉門上，爐子上的茶壺不斷發出開水沸騰的聲音。

舅舅躺在小哥白尼的身邊，安靜地看著報紙。

小哥白尼平躺著，病況已經好轉，應該不需要冰袋了，他拿著冰袋像鞦韆似的甩啊甩。冰袋繩下面吊著軟趴趴、不涼的冰袋，搖來晃去，搖來晃去，就像活塞來回擺動一樣；小哥白尼手裡把玩著冰袋，心裡卻一直想著其他事——

「該不該說……」

如果要說，就得趁現在和舅舅獨處的好機會。他猶豫了很久，最後終於開口了。

「舅舅。」

「怎麼了？」

舅舅的視線依然停留在報紙上。

「我——」

「嗯。」

「我……」

小哥白尼話說了一半，沒有繼續。本來已經下定決心要告訴舅舅，卻還是很難說出口。不過，他勉強逼自己把話吐出來。

「我不想去上學。」

舅舅看到小哥白尼沉重的模樣，非常驚訝，終於把視線從報紙移開。

「怎麼了？」

「我……不想去上學。」

小哥白尼好像在生氣似的，又說了一次。

「你病也快好了，考試又快到了。」

「就算這樣，不管怎麼樣，我就是不想去上學。」

「為什麼？」

「因為……」

小哥白尼再次語塞。

「真奇怪，你向來……」

「嗯——」

小哥白尼用力搖頭，蓋過舅舅的聲音。

「舅舅，我……」

小哥白尼說到一半，突然覺得眼眶發熱，眼裡滿是淚水。他忍著不哽咽，繼續說。

「我做了非常——非常不應該的事。」

「……」

舅舅上半身坐起，認真地看著小哥白尼。小哥白尼平躺著，淚水溢出眼眶，一道淚痕流向耳朵。

「到底怎麼了？」

舅舅平靜地問。

「能不能告訴舅舅？」

小哥白尼直流淚，呆呆地盯著天花板，不肯回答；舅舅看到他這副模樣，又重複說道。

「不管是什麼事都好，快告訴舅舅。」

——小哥白尼吞吞吐吐地，告訴舅舅過年時他們在水谷家的約定、下雪那天發生的事、他們三人拋下自己的事。說著說著，小哥白尼胸口鬱積已久的情緒終於得到宣洩。快說完的時候，小哥白尼說話也流暢多了。

「舅舅，我真的錯了。就算北見他們生我的氣，也是我活該。我做了這麼懦弱的事，這麼懦弱——」

說完，小哥白尼如釋重負。

「原來如此——原來發生了這種事。」

舅舅似乎鬆了一口氣。

「小哥白尼，你打算怎麼辦？」

「我不知道該怎麼辦，可是我希望北見他們能了解。」

「了解什麼？」

「了解什麼——。我真的做錯了，但是我真的覺得很抱歉。直到現在，直到現在，一想起這件事，我心裡就很難受。」

「嗯。」

「而且，舅舅，我不是在找藉口，我真的有好幾次想衝到黑川面前。」

「……」

「真的啊，舅舅。我真的想衝出去。只不過想歸想，我沒辦法下定決心真的衝出去，拖拖拉拉地，北見就挨打了。——我是膽小鬼，很不應該，但是我真的很擔心北見。我並不是若無其事地在一旁看熱鬧，我希望北見了解這一點。」

「這是應該的。」

舅舅表達同感。

「我該怎麼辦？」

舅舅為了幫小哥白尼打氣，開朗地回答。

「這——這還需要想嗎？現在馬上提筆寫信。寫封信，向北見道歉。不要一直悶在心裡。」

小哥白尼似乎還在猶豫。

「可是，舅舅，北見他們會因此就氣消嗎——」

「誰曉得呢。」

「那我不想寫了。」

「潤一！」

小哥白尼一說完，舅舅突然板起臉孔。

舅舅不稱呼他小哥白尼了，語氣認真地說。

「你不該這麼想。——你沒有遵守朋友之間堅定的約定，害怕黑川的拳頭，一直不敢和北見他們站在一起。你自己也覺得做錯了，還說就算他們生你氣也是你活該。既然如此，你怎麼能這麼說？為什麼不能像個男子漢，對自己做的事負責？」

舅舅的話鞭撻著小哥白尼的心。可是舅舅並不停口，繼續激動地說。

「就算北見和水谷與你絕交，你也不能抱怨。你應該沒有半句怨言。」

小哥白尼緊閉雙眼，神情悲傷。

「因為這種事，得和好朋友分開，當然讓人痛苦。」

舅舅的語氣又恢復了平靜。

「舅舅也了解你想和他們和好的心情，可是，小哥白尼，現在你不該想這個。現在你必須先像個男子漢一樣，向北見他們道歉，誠實地告訴他們你愧疚的心情。現在你不該想道歉之後會有什麼結果。只要你坦白地承認自己的過錯，他們也可能不再生氣，重新和你當好朋友；他們也可能怒氣難消，一直和你絕交。你一個人再怎麼想，也不知道結果會怎麼樣。

「可是，就算他們和你絕交，你也不該抱怨。所以——所以，小哥白尼，現在你得拿出勇氣。不管心裡再怎麼痛苦，既然這是你自己的行為引起的結果，就該有所覺悟，像個男子漢一樣好好忍耐。你想想，這次你會犯錯，不就是因為當初你沒有足夠的覺悟嗎？已經答應的約定，不管發生什麼事，都得遵守。你就是沒有勇氣做到這一點，不是嗎？」

小哥白尼依然閉著雙眼，靜靜地點頭。

「你不能再犯錯。小哥白尼，拿出勇氣，不要想東想西，做你現在該做的事。不管你怎麼做，過去的事都不會改變了。與其回想過去，不如思考現在。像個男子漢一樣，做你現在該做的事。不能因為這種事——小哥白尼，不能因為這種事垂頭喪氣。

「打起精神，寫信給他們。誠實地寫下你的心情，乞求他們原諒。這麼一來，你的心情也會開朗起來。」

小哥白尼安靜地聽舅舅說。他睜開被淚水沾溼的眼睛，不看舅舅的臉，一直盯著天花板，堅定地說：

「舅舅！我寫。」

然後，他沉重地繼續說：

「如果他們不肯原諒我，我就等——等到他們原諒我。」

當天下午小哥白尼花了很長的時間寫信給北見。

北見：

你被黑川那幫人攔截、受欺負的時候，我一直在那兒，卻只是靜靜地站在旁邊看。我明明看到水谷和浦川沒有逃跑，陪在你身邊，可是我依然沒有上前幫忙。

我並沒有忘記自己和你們打勾勾，說好如果要挨打就一起挨打。

我還記得，但是我並沒有遵守約定。我的行爲眞的、眞的太懦弱。

我不知道該怎麼向你道歉。我對不起你，對不起水谷，也對不起浦川，心裡非常後悔。一想起那件事，我總是滿腔懊悔。

即使你們說我懦弱、說我是膽小鬼，我也沒什麼好反駁的。

即使你們看不起我，要和我絕交，我也沒有資格說什麼。

我只想告訴你，我覺得自己做錯了，懊悔得不得了，甚至想一死百了。希望你明白，我眞的覺得自己錯了。

我沒有勇氣，當天沒有出面幫你們，但是我沒有任何一秒不在意你的安危。

現在我的想法還是一樣。我希望總有一天你們會了解我的心情。我會盡力讓你們了解。下次我一定會鼓起勇氣，做給你們看。

如果你願意，請你相信我。

如果你願意相信我，我會非常開心。

三月×日

本田潤一

致 北見恆太

請把這封信也傳給水谷和浦川看。

小哥白尼寫了信之後，請女佣馬上去送信。然後，他把寫壞的信紙撕碎，丟入字紙簍，整理床鋪之後，躺在床上。摻雜著疲憊和放心的情緒化為深深的嘆息。小哥白尼覺得一直緊繃的心情頓時得到放鬆，疲倦地閉上了眼睛。

「沒事了。沒事了。」

他彷彿聽到微弱的聲音在這麼說。

小哥白尼什麼也不想，只是聆聽著這個遙遠而微弱的聲音，不知不覺就被體內瀰漫的倦意侵襲……

隔天又是晴朗的好天氣。

滿滿的陽光灑在朝南的拉門上，房間被照得明亮，爐子上的水壺依然不斷低聲呢喃。

小哥白尼在床上看課本。請假期間進度落後，得慢慢開始追上。可是，還沒讀完一頁，他就把眼光從課本移開，望向拉門的玻璃後方清澈的天空。

——昨晚那封信已經送到北見家了吧。如果已經送到了，北見今天一定會把信帶去學校，讓水谷和浦川看。不過，說不定昨天信還沒寄到。如果昨晚沒寄到，應該今天早上會到，北見也還沒看到……

小哥白尼反覆思考這件事。偶爾回過神來，打斷自己的思緒，又把目光拉回課本上，盡量不要分心。

——北見看了信之後會怎麼想？水谷和浦川會怎麼說？他們會不會不再生氣？一想到這些問題，小哥白尼又被拉回寫信之前喘不過氣的情緒。不可以、不可以。現在不可以想這些問題。小哥白尼對自己這麼說，阻止自己繼續胡思亂想。

沒錯。小哥白尼應該停止胡思亂想。**對於自己犯的過錯，能想的都已經想了，該後悔的都後悔過了，該覺得痛苦的也都痛苦過了。他必須抬起頭來，好好**

過接下來的日子。

「今天在念書嗎？」

小哥白尼聽到媽媽的聲音，轉過頭，看見媽媽拿著插了桃花的花瓶，站在門口。

「很漂亮吧。」

小哥白尼笑了，點點頭。桃花的枝幹從媽媽的胸前向上延伸，蓋住半個臉，有些花半開，有些還含苞待放，這許多花朵散成一面溫潤的紅。小哥白尼覺得這膨膨的花朵真是可愛漂亮。

媽媽把花瓶擺在裝飾櫃，走到小哥白尼身邊坐下，開始打毛線。小哥白尼又開始讀書。兩人幾乎沒有交談，安靜的房間裡只有爐子上的水壺不停發出呼嚕嚕的沸騰聲。

後來，小哥白尼又茫然地望向窗外的天空，這時候媽媽開口說話了——

「潤一，媽媽打毛線的時候，經常會想起一件事。」

媽媽的聲音緩慢而溫柔。

「以前我就讀女中，回家的時候，常常故意繞路，先到湯島的天神下，穿過天神神社，再回到位於本鄉的家。每次我一定會爬上神社後面的石階，進入神社。不曉得你知不知道，現在神社後面還留著老舊的石階。以前走過那寂靜的石階，就算是白天，也會感覺空氣很涼爽。現在那兒不知道變成什麼樣子了……

「有一天，當我爬上石階時，看到一位老婆婆，她一手勾著棉布包袱，走在我前面五、六階的地方。老婆婆看來已經年過七十，直到現在我還記得，她體型嬌小，白髮垂肩，以細細的髮帶綁得很平整。她撩起和服裙角，露出白色襯裙下面穿著白襪套的纖細小腿，拿雨傘當拐杖，吃力地爬上石階。我不知道包袱裡裝了什麼，小小的一包，看起來卻沉甸甸的。她穿著有跟的木屐，每踏一次石階，木屐就發出孜孜的聲音，讓人在一旁看了覺得很危險。每爬兩、三階就得休息，每次休息都伸展腰桿活動身子，然後再吃力地往上爬。我在一旁看了都覺得不忍心。

「我當時心想，應該幫她拿包袱。快步跑上前追上她並不難，幫她拿包袱再牽著她的手走，對我來說一點也不辛苦。老婆婆走到一半停下來伸展腰桿的時候，我想趁機跑到她身邊。可是當我這麼一想，她又開始走了。看到她彎腰駝背，全神貫注地爬著石階，我也找不到機會和她說話，沒有適當時機真的跑上前去，只好一直安靜地跟在她後面往上爬。

「當時我心想：等老婆婆下次休息的時候，我再跑到她身邊，對她說『老婆

婆，我幫妳拿東西吧』。我心裡這麼想著，一直跟在她身後。可是，每次老婆婆停下腳步，我總覺得時機不對，沒辦法自然地跑到她身邊。正當我煩惱該怎麼辦才好的時候，她又開始專心地往上爬。

「等她下次休息的時候——。我心裡這麼想，又跟在老婆婆身後，慢慢往上爬。可是到了下次，我又猶豫了一會兒，又失去適當的時機，沒有往前追上去。

「石階也沒有多少層，所以這樣的過程重複了兩、三次之後，老婆婆已經爬完所有石階了。就在那時候，一直忍著沒有往前跑的我終於追上前去，和老婆婆同時踏上最後一層石階，抵達神社裡面。老婆婆爬完石階之後，把包袱放在旁邊的石椅，好像忘了要坐下休息，手扶著雨傘，眺望眼下的城市，喘得肩膀上下顫動；她作夢都沒有想到，我一直緊跟在她身後，而且內心掙扎了這麼久。我走過她身邊時，她看了我一眼，沒有露出什麼特別的表情，又把臉別過去。——很奇怪，她對我沒有印象，我卻至今難忘她當時的表情。

「潤一，媽媽的故事說完了。後來，我偶爾會想起這件事。——在不同的時間，懷著不同的心情，想起這件事。」

媽媽說完，暫時打住。打毛線的手沒有停歇，依然靈活地動著。她好像想起很久以前的事似的，過了一會兒，又靜靜地開始說。

「我不忍心看老婆婆吃力的樣子，想幫她拿包袱，可是這個念頭只在腦海裡打轉，並沒有真的付諸行動。——其實就只是這麼一件小事，卻在我心裡留下深刻的印象。當時我和老婆婆道別，一個人走在回家的路上，邊走邊想了許多事。為什麼心裡有了想法，卻沒有立刻跑上前去？為什麼我沒有照自己的想法行動？每次這麼想，總覺得自己真的犯了大錯。難得我有助人的善心，但是這份善心在老婆婆爬完石階之後，也沒有什麼意義。已經沒有第二次機會可以做我想做的事了。在老婆婆站上最高的那一層石階的一剎那，這個機會就永遠消失了。——雖然這只是一件微不足道的小事，我還是覺得很後悔。事過境遷之後，再怎麼回想，也無法挽回。不管是這種微不足道的小事，或者後果嚴重的大事，其實都一樣；事情發生之後，同樣無法挽回。

「已經過了多少年了啊。那時候我就讀女中四年級，所以這應該已經是二十多年前的事了吧。後來我長大，嫁給你爸爸，生了你，前年你爸爸過世；在這二十年，發生了許多事。但是，這段石階上的回憶永遠就像剛發生一樣，鮮明地留在我的腦海裡。因為之後我經歷許多事，經常想起當時的情景——。

「潤一，在我長大之後，我還是經常後悔，為什麼當時沒有照我心裡想的去做。不管是誰，只要認真仔細回想自己的過去，總有這麼一、兩件事。我覺得，和小時候相比，年紀越大，經歷的事也越大，做錯之後也越難彌補。你爸爸過世之後，我經常想著，早知如此，當初幫他這麼做就好了、當初幫他那麼做就好了。」

媽媽停住勾毛線的手，和小哥白尼一起望向拉門的玻璃後方，晴朗澄淨如水的天空。過了一會兒，她平復了情緒，表情又開朗了起來，帶著微笑，繼續說道。

「不過，潤一，對我來說，石階的回憶並非不愉快的回憶。當然事後我會覺得後悔，覺得當初要是這麼做、那麼做就好了，不過，也有其他事情讓我覺得『還好當初我那麼做了』。我的意思並不是從利害得失的角度回想過去，而是當自己心裡有溫暖良善的想法，實際採取了行動，事後也覺得當初這麼做真好。現在重新回想，多虧那天在石階上的經歷，後來我才有其他美好的回憶。

「媽媽說的是真的。如果沒有在石階上的經歷，我現在也不會這麼努力實行自己心裡美好良善的想法。人在一生中遭遇的每件事都只會發生一次，不會重複第二次——所以，在每一個剎那，每一個時刻，都得好好實行自己心裡美好良善的想法。假如沒有那天在石階上的回憶，或許我也不會了解這樣的道理。

「所以，我並不認為石階的經歷讓我有所損失。雖然我感到後悔，卻因此了解重要的人生道理。後來，我也更能深刻體會別人的善行的可貴。」

小哥白尼聽了，聯想到最近自己極為後悔的事，明白了媽媽說的每一句話。

「所以，潤一——」

媽媽繼續勾著毛線，並沒有轉過來看小哥白尼。

「有一天你也會有和我一樣的經驗，說不定比我的經驗更痛苦，事後更後悔。

「不過，潤一，就算發生這樣的事，對你來說也不算損失。單看那一件事，當然會覺得不可彌補；可是，只要你感到後悔，並且因此而深刻了解做人重要的道理，就不枉費你有那樣的經驗。往後的生活也會比以前更好、更有深度。因為你會成為比以前更成熟的人。所以，不管遇到什麼事，都不可以對自己感到絕望。只要你重新站起來，獲得重生的你變得更成熟的部分——總有人會明白的。

「即使沒有人明白，老天爺也看得一清二楚。」

小哥白尼聽著媽媽的話，不知不覺地溼了眼眶。媽媽可能從舅舅那兒聽說了——小哥白尼心想。即使媽媽已經知道了，也不直接談到那件事，只是婉轉地說了這番話！小哥白尼本來一直忍著眼淚，可是淚水還是溢出眼眶，一滴又一滴地掉了下來。之前小哥白尼已經流過許多次眼淚，但是這次的眼淚並不一樣。

——窗外的天空如春天一般和煦，透著寧靜而深邃的晴朗。

舅舅的筆記本

人的煩惱、過錯與偉大

「人因承認自己悲慘而偉大。樹木不會承認自己悲慘。原來如此，『承認自己是悲慘就是悲慘』是真理；不過人因承認自己悲慘而偉大，這也是真理。所以，人的悲慘可以證明人的偉大。……那是被篡位的國王感受到的悲慘。」

「除了被篡位的國王之外，有誰會因為不是國王而感到不幸？……有人會因為自己只有一個嘴巴而覺得不幸嗎？有人不會因為自己只有兩個眼睛而覺得不幸嗎？沒有人會因為自己沒有三個眼睛而悲傷，可是只有一個眼睛又不幸得令人難以安慰。」（法國思想家，巴斯卡）

本來該擁有王位的人失去了王位，會覺得自己不幸，為自己的現況感到悲傷。他之所以為現在的自己悲傷，是因為本來該擁有王位，現在卻失去了王位。

同樣地，只有一個眼睛的人會覺得自己不幸，也是因為本來人應該有兩個眼睛，自己卻沒有。如果人本來只有一個眼睛，一定沒有人會為了自己只有一個眼睛而感到悲傷；不只如此，長了兩個眼睛的人說不定反而會覺得自己有缺陷，感到悲傷。

小哥白尼，我們必須深刻地思考這段話，這段話教導我們重要的真理，告訴我們人的悲傷和痛苦代表什麼意義。

我們活在這世界上，不論是小孩或大人，都會遇到在那個年齡覺得悲傷、煎熬、痛苦的許多事。當然沒有人希望如此。可是，幸好我們會遇到令人悲傷、煎熬、痛苦的許多事，才能了解人應該是什麼樣子。

我說的不只是內心感受到的痛苦。身體感受到的痛苦也具有同樣的意義。如果身體健康、沒有任何不適，恐怕我們會忘了身體裡有心臟腸胃等各種內臟，它們一輩子為我們扮演重要的角色。然而，一旦身體出了問題，例如劇烈的心悸、肚子疼痛，我們才會想起自己的內臟，知道自己的身體出了問題。身體出了問題，我們才會感到身體疼痛，覺得痛苦；另一方面，多虧身體感到痛苦，我們才會注意到身體出了問題。

感到痛苦而知道身體出了問題，代表痛苦告訴我們，身體處於不正常的狀態。假如身體出了問題卻沒有痛苦，我們也不會注意到問題，甚至可能因此喪命。實際上，就連蛀牙這種問題也一樣，相較於一開始就很痛的蛀牙，那些一點也不痛但是蛀洞越來越大的蛀牙，反而容易延誤治療。所以，大家當然都希望避免身體疼痛，但是從這個角度看來，其實疼痛是有益的、必要的。——因為疼痛，我們才會發現自己的身體出了問題，同時，清楚了解人的身體本來應該處於什麼狀態。

同樣地，當人不處於身為人應有的正常狀態，內心才會感受到痛苦和煎熬，讓我們知道出了問題。**因為內心感到痛苦，我們才能在心裡好好認清人本來應該是什麼樣子**。

人本來就該和其他人和平共處，所以當人與人無法彼此調和時，才會感到痛苦。人本來應該相愛、彼此和睦共處，可是有時候人免不了互相憎恨、敵對，所以人會因此感到不幸，覺得痛苦。

既然是人，任誰都想發揮自己的天賦，從事適合自己天賦的工作，可惜現實世界未必如此，所以才會讓人痛苦，覺得日子過不下去。

人會因此感到不幸、痛苦，是因為人本來並不該彼此憎恨、敵對，而且本來應該能自由發揮與生俱來的天分。

許多人覺得自己過得悲慘，備受煎熬，是因為人本來不該過得這麼悲慘。

小哥白尼，我們必須時時從自己的痛苦和悲傷汲取這樣的知識。

當然有些人只因為無法滿足自己自私的欲望，就覺得自己不幸。也有人為了沒有意義的表象鑽牛角尖，過得很辛苦。這些人的痛苦和不幸，是因為他們抱著自私的欲望，無法拋去無聊的虛榮心；所以，只要拋開欲望和虛榮心，痛苦和不幸也會立刻消失。在不幸和痛苦背後隱藏著真理：人不該有自私的欲望，也不該硬撐那沒有意義的表象。

光看會感到痛苦的，當然不只有人。小狗、小貓受傷了也會流淚，覺得孤單的時候也會哀傷地嚎叫。光看身體的疼痛、飢餓、口乾舌燥，人和其他動物並沒有什麼差別。所以，當我們面對小狗、小貓、馬、牛，也必須站在我們和他們一起生到這個世界的立場，對牠們有同理心和愛。可是，單單這麼做，看不到人真的像人的部分。

在同樣的痛苦當中，那些只有人才能感受到的痛苦可以告訴我們，人真正像人的部分。

只有人才能感受到的痛苦，是什麼樣的痛苦？

即使身體沒有受傷，也沒有感覺到飢餓，人依然會受傷、會感到飢渴。

原本抱著一絲希望卻被粉碎，會讓我們的心受傷，流著眼睛看不到的血。如果我們的心在生活中沒有得到體貼的愛，不久之後，就會飢渴得難以忍耐。

在這種痛苦之中，什麼能戳進我們心底最深處、讓我們的雙眼流下最煎熬的淚水——是當我們自覺犯了無法彌補的過錯的時候。回顧自己的行為，不看利害得失，而是從道義良心的角度看。讓人覺得「完了……」的痛苦，應該就只有這樣的事。

沒錯。當自己也承認自己犯了錯，會感到痛苦。所以，大多數人會找藉口，假裝不承認。不過，小哥白尼，**像個男子漢一樣承認自己的過錯並因此感到痛苦，這正是天地之間唯有人才做得到的事。**

人本來應該有能力分辨對錯，並且根據對錯決定自己的行為。如果沒有這樣的能力，即使反省自己的行為並後悔自己犯的錯，也沒有意義。

我們會受到悔恨折磨，是因為自己覺得——當初明明可以採取不同的行動，自己明明有能力不犯錯。如果自己原本並沒有能力按照正確理性的聲音決定自己的行為，事後也不會嘗到悔恨的苦果。

承認自己的過錯的確令人痛苦。可是，人之所以偉大，正因為我們會為了犯錯而感到痛苦。「除了被篡位的國王之外，有誰會因為不是國王而感到不幸？」有能力遵循正確的道義行動，才會為自己的過錯流下痛苦的眼淚。

只要是人，都會犯錯。只要良心尚未麻痺，犯錯的自覺必定會讓我們嘗到痛苦的滋味。可是，小哥白尼，我們都該從痛苦當中汲取新的自信——因為我們有能力順從正確的道路前行，才會嘗到犯錯的痛苦。

「錯誤相對於真理的關係，正如睡眠相對於清醒。我曾經見過人從錯誤中醒來，就像甦醒之後再次朝著真理前進。」

歌德曾經如是說。

我們有決定自己言行的能力。

所以我們會犯錯。

然而——

我們有決定自己言行的能力。

所以我們也能從錯誤重新站起來。

正因為如此，小哥白尼，你所說的「人類分子」的行動，才和其他物質分子不同。

8 凱旋

小哥白尼聽了媽媽的話之後，隔天就開始下床走動。他已經完全病癒了。醫生說，再過兩、三天就能去上學了。小哥白尼在床上待了兩個星期，現在終於下了床，在家裡四處晃。他寫信給北見之後，已經過了三天。

北見會怎麼回信——雖然小哥白尼已經打定主意不要去想，還是忍不住期待。每天到了郵差送信的時間，小哥白尼總掛念著門口的信箱，有時會佯裝順路走去看看。可是過了三天，依然沒有北見的回音。

到了第四天午後。

二樓的走廊被陽光曬得暖洋洋，小哥白尼正在那兒剪腳趾甲，突然聽到咚咚的腳步聲；媽媽難得一見地快步跑上樓梯。

「潤一，有客人來了。」

媽媽還沒爬完樓梯，就趕緊對小哥白尼說。她渾身散發著掩不住的喜悅，跑到小哥白尼身邊，稍微喘氣：

「是北見。北見來了。水谷和浦川也來了——」

「什麼！」

小哥白尼睜大了眼。

「真的嗎？」

「當然是真的，他們真的來了，快到玄關去。」

小哥白尼開心地跳了起來，看也不看媽媽，就飛快地跑過走廊，下了樓。他自己也沒注意到手裡還拿著指甲剪。

小哥白尼飛奔到玄關，看到他們三個人並排站在入口的台階上。三個人的表情好像彼此重疊似的，同時映入小哥白尼眼中。北見在笑。水谷在笑。浦川也在笑。他們流露著懷念的氛圍，面帶微笑，看著小哥白尼。

「嗨！」

北見看到小哥白尼，馬上以宏亮的聲音打招呼。那爽朗的聲音把小哥白尼這兩個星期以來的陰霾一掃而空。小哥白尼覺得，那聲音彷彿將幾百名學生成群嬉鬧的熱鬧運動場的空氣吹入了玄關。

「病好了嗎？」

北見還沒等到小哥白尼走來自己面前，就繼續問候他。

「謝謝，已經好了。」

小哥白尼開心地回答，走到他們身旁。

「什麼時候開始下床走動？」

水谷問道。

「前天。」

「所以，已經可以上學了。」

輪到浦川說話了。

「我打算後天就去學校。」

他們就這麼一問一答，小哥白尼清楚感覺到自己的表情越來越開朗。好像每回答一次，自己的身體就變得更輕盈，幾乎要往上飄。

大家七嘴八舌地詢問小哥白尼的病情，聊了一陣子，突然沒有人說話。小哥白尼和他們三人好像不知道該說什麼似的，安靜了下來。不，應該說他們都知道接下來該說什麼，卻不知該怎麼開口。這是小哥白尼在事情發生之後第一次見到他們，覺得應該當面道歉才行。北見他們看過小哥白尼的信，覺得應該要回答些什麼。可是，現在見到彼此之後，又覺得不必特地說些什麼了。聽到北見打的那一聲招呼，就知道他們已經不介意了。只要看到小哥白尼的表情，就知道他也已經明白北見他們不介意了。——小哥白尼和他們偶爾眼神彼此交會，沒來由地互相微笑，大夥兒就這麼安靜地站了一會兒。

「對了，你們今天怎麼了？」

小哥白尼終於找機會開口。

「什麼怎麼了？」

「今天學校沒放假吧。」

「哦，對了，今天比較早放學。聽說老師們要開會——。有很多學校的老師都聚集在我們學校。」

北見代替大家回答。接著，北見順勢往下說。

「前天我收到你的信了。當天我就把信給水谷和浦川看，大家說好了要一起回信。不過昨天我們聽說今天會提早放學，決定不寫信了，直接一起到你家。」

小哥白尼眼神低垂。北見繼續說。

「你別在意那天的事。我們都已經忘了——對吧，水谷！」

「嗯。」

「可是我……」

水谷回答之後，對小哥白尼說：

「本田，你別放在心上。看你這麼在意，我們也不知道該怎麼辦才好。」

小哥白尼還想說，浦川卻打斷了他的話。

「好了，小哥白尼！別說那件事了。其實我們沒有寫信問候你的病況，覺得很抱歉。不過，那是因為後來引起一陣騷動。」

「真的一陣騷動。」

北見附和。接著，他們你一言我一句地，告訴小哥白尼下雪那天的事後續的發展。

——仔細一聽，還真的引起一陣騷動。

水谷的姊姊聽說水谷也和北見一起受了委屈，非常憤怒。當天她一直醒著，等到夜深後爸爸回來，向爸爸報告，請爸爸無論如何明天一定要到學校去談判。

爸爸說明天公司有事，必須等到後天，可是勝子不聽。最後，爸爸終於答應隔天到學校去談判。

至於北見家的情況，他爸爸知道之後非常生氣。北見的爸爸是陸軍大佐預官，聽了當天的事，氣得說要讓北見轉學。北見對高年級生沒有表現出低年級生應有的態度，的確是他不好。但是，應該由老師處罰北見，學生沒有權利處罰其他學生，即使是那些高年級生也一樣。北見不好，挨打也算活該，但是絕不能讓不守紀律的高年級生逍遙法外。——這是北見他爸爸的意見。如果學校縱容高年級生，他也不願意把兒子交給學校，寧可轉學。他爸爸對學校大發雷霆，表達這樣的意見。

再看看浦川家，義憤填膺的不是爸爸而是媽媽。就算我兒子生長在貧窮的豆腐店，他還是我的寶貝兒子。就算兒子笨，成績也不好，只要他沒做什麼壞事，就不該受這種委屈。難不成學校只照顧有錢人的子女嗎？我可不能忍受學校這麼不公平。——浦川的媽媽氣憤地拉著爸爸發洩，說得好像這是爸爸的錯一樣。他媽媽隔天也到學校去，問老師「究竟是怎麼一回事」。

同時有三位家長來學校抗議，學校老師們也很驚訝。本來老師念在他們已經是快畢業的五年級生，希望能盡量從寬處置，可是問題鬧得這麼大，也不能置之不理。老師把黑川那一群人叫來，日復一日地調查事情的真相。即使老師盡量低調，相關的傳言還是立刻在學生之間傳開，那一陣子學校所有人都在談論這個話題，氣氛非常浮躁。

老師們好像也反覆討論，過了一星期，終於決定該怎麼處罰。黑川和小禿頭必須停課三天。黑川的同夥，那些一起動手拿雪球砸人的學生，都受到譴責；所謂譴責，是被校長叫去訓話。校長公布處罰內容之後，召集學生聚在禮堂，特地說了訓詞，以免大家對這次的事件有所誤解。總而言之，這是學校近來首見的大騷動。

不過，最意外的是北見。他回家告訴爸爸那件事之後，爸爸當場說：「你也不對。在這件事告一段落之前，乖乖待在家，不准出門。」說到北見的爸爸，還真不愧是北見的爸爸，性格頑固剛烈，一旦話說出口，態度就絕對不會軟化。不論北見再怎麼求爸爸讓他去上學，爸爸只是重複回答「說了不行，就是不行」，根本不肯讓步。最後北見在事件落幕之前，關在家一個星期——

「所以，我們聽老師說你生病了，卻不能來探病。在事情平息之前，我們也不知道會發展成什麼樣子，所以也沒有回信。」

北見辯解。

他們四個人談得渾然忘我。就在這時候，原本一直安靜地站在旁邊的媽媽插話了。

「潤一，別讓客人站在那兒，要不要請他們進來坐？」

「好，我都忘了。——你們要不要進來？」

可惜北見他們說今天不能久留，站著聊一下就得走了。仔細一問，原來水谷的姊姊在車站等他們。

「勝子姊姊為什麼會到這兒的車站？」

小哥白尼疑惑地問道。水谷回答，勝子即將從女中畢業，所以到小哥白尼家附近的女子大學拿入學申請說明書。她和他們三人一起來，勝子自己到女子大學，再和大家一起回去，約好在車站會合。水谷說明之後，雙頰微紅，從口袋拿出藍色信封說：

「對了，我幫姊姊送信過來。」

那是勝子寫給小哥白尼的信。小哥白尼立刻拆開信封——

小哥白尼：

身體好一點了嗎？聽說你前一陣子病得很嚴重，我很擔心後來的病況。

昨天弟弟讓我看了你寫給北見的信。他把信帶回家了。

我看了那封信，十分感動。弟弟能有這麼有良心的朋友，實在很幸福。

坦白說，剛開始我聽說你當時沒有和大家一起反抗，心裡非常憤慨。當初我們約定好了，你竟然不守承諾。可是看了你的信，我已經不再生氣。我讀著信，眼淚忍不住掉了下來。

千萬不要因爲那件事影響你和我弟弟的交情──還有，我想代替弟弟請求，請你以後一直當他的好朋友。

祝早日康復

勝子

三月×日

致 本田潤一先生

小哥白尼一邊看信，手一邊顫抖。

「勝子姊姊在車站等你們嗎？」

小哥白尼興奮地問水谷。

「嗯，可能已經到了。」

「可以請她來我們家吧？」

「當然可以，她只是不好意思打擾。」

小哥白尼回頭看了看媽媽，開口問道。

「媽，可以請水谷的姊姊到家裡來嗎？」

「好啊，當然好，只要她不介意，當然希望她能來。」

「我現在去請她來。沒問題吧，媽媽！」

「嗯……」

媽媽擔心小哥白尼大病初癒，身體尚未復原，所以猶豫了一下；過了不久，她好像打定主意似的回答：

「好，快去吧。記得圍好圍巾，披上斗篷。」

媽媽話還沒說完，小哥白尼已經衝進屋裡，圍了圍巾，出來之後又飛快地拿了掛在玄關的斗篷，披在肩上。

「我馬上回來。」

北見他們也說要一起去。小哥白尼的媽媽告訴他們，不妨在這兒等。可是他們還是決定要和小哥白尼一起去。

「潤一，回來的時候和大家一起在車站前面搭計程車。」

媽媽的聲音從身後傳來，小哥白尼已經套上木屐衝出玄關。

——過了一會兒，四個少年和勝子一起搭車朝小哥白尼家前進。車子開過空地旁邊，穿過朴樹行道樹，舒適地在路上滑行。

「小哥白尼。」

勝子對坐在身旁的小哥白尼說。

「你把信拿給你媽媽看了嗎？」

「還沒。」

「不可以給她看。——不過，其實當時我猜想你可能會拿給你媽媽看，所以特別注意遣詞用字。」

「既然如此，就給她看看吧。」

「不行。那是寫給你的信，不是寫給你媽媽。」

「你還不是看了我寫給北見的信？」

「說的也是！」

大家都笑了。車子一路散播滿車的笑聲，在

明亮的陽光下不停前進。夾在籬笆之間的白色道路延伸到遠方，路的末端有戶人家，屋子沐著溫暖的陽光，屋頂閃閃發亮。

——籬笆蜿蜒地往左右流去，那棟房子也越靠越近。轉彎處就是小哥白尼家了。

小哥白尼的心情彷彿剛打完一場仗，凱旋歸來。

9 水仙芽與犍陀羅的佛像

小哥白尼和三個朋友又和好如初了。這的確該歸功於小哥白尼的那封信，但是他們三人本來就沒有非常介意，不像小哥白尼想的那樣。不過，到了現在，這也已經不重要了。雖然小哥白尼自己胡思亂想自尋煩惱，但是他也因此了解該如何審視自己的行為和思想——也就是審視自己的生活。

從小學以來，他已經看過「了解自己」和「自我反省」之類的詞彙許多次。他早已覺得這些東西古板老套，不管在哪兒看到這些詞彙，總覺得不耐煩。小哥白尼當然也知道這些詞彙字面上的意思。如果這些詞彙出現在國語考卷，寫著「請說明右列詞彙的意思」，他也能寫出漂亮的答案拿滿分。可是，知道字面的意思並不代表能掌握那個詞彙表達的真理。小哥白尼最近總算稍微開始了解何謂反省自己。

小哥白尼的言行舉止開始摻雜著有點像大人的部分和像小孩子的部分。不過，說起來這也是理所當然。小哥白尼正好要滿十五歲，每天都是他慢慢從小孩變為大人的過程。小哥白尼自己也注意到了。大人用的球棒太重，他還沒有力氣揮棒；但是，現在拿起小學時爸爸買給他的球棒，卻又太輕太短，連他自己都不敢相信以前自己竟然能拿這球棒打球。

總而言之，小哥白尼已經慢慢改變了。舅舅也注意到了。在小哥白尼結束學年考試、即將升上二年級之前的春假，舅舅把那深褐色的筆記本拿給小哥白尼，叫他重新閱讀舅舅長期以來寫的筆記。

這天是「彼岸」掃墓日的正午（譯注：日本人掃墓、以「萩餅」供在佛壇供養祖先的節日，名稱是由佛教用語中的死者居住世界「彼岸」而來。從春分前三天開始到春分後三天結束的七天時間稱爲彼岸）。

小哥白尼家在佛壇正面擺了已故父親的相片，相片前面擺滿了花和水果。平時不起眼的佛壇今天滿溢著鮮豔的色彩。小哥白尼趴在佛壇前面，翻開全新的筆記本，好像一直在思考什麼。

筆記本是媽媽特地親自挑選、買給小哥白尼的禮物。小哥白尼一直在思考要在新筆記本上寫些什麼。——小哥白尼讀完舅舅的筆記本之後，也拿給媽媽看，媽媽把筆記本還給小哥白尼的時候，送給小哥白尼這本新的筆記本。媽媽說，希望小哥白尼以後也把自己的感想寫下來。小哥白尼絞盡腦汁，想要寫點感想。

可是，感想這種東西，假如沒有自然湧現，即使想要硬擠也擠不出來。小哥白尼讀了舅舅的筆記本，收穫良多，但是小哥白尼畢竟還小，無法想到比舅舅的文章更好的內容。他心裡有很多感受，但是真的提筆想寫下來時，又無法釐清思緒。小哥白尼的思緒不自覺地離開了筆記本，飄往廚房。——媽媽和女佣按照彼岸日的慣例，在廚房勤快地做著御荻（譯注：將糯米蒸熟，再將紅豆和糖熬煮到熟透的豆沙包）。

「感想並不像御荻，不是想做就能做得出來。」

小哥白尼腦中浮現這樣的感想，但是這可不能當成新筆記本的開場白。最後小哥白尼放棄寫感想，站了起來。

他打開拉門，外面天氣很好，庭院裡一叢叢即將綻放的黃色水仙，鮮豔的黃令人眼睛為之一亮。

小哥白尼走入庭院，讓陽光灑在身上，四處走動。

楓樹枝幹有堅硬外皮的部分，冒出鮮紅的枝芽。鴨腳木的頂端罩著厚厚外皮的新芽，也已經像竹筍一般探頭。滿天星的細枝頂端掛著小小的球。庭院四處都是數不盡的新芽，有些頂破柔軟的土壤，有些撐開堅硬的樹梢，好像等不及要看看外面的世界。比其他植物更快露臉的小草彷彿要吸引更多目光似的，生氣勃勃地抬起頭，奮力往上伸展。

小哥白尼覺得很舒服。天氣回暖，差不多可以脫掉厚重的毛衣了。球場上傳來擊球聲的日子也已經不遠了。

小哥白尼一回神，在庭院角落的檜木樹下找到裹滿泥巴的軟球。去年秋天弄丟了之後，找了半天找不到，沒想到竟然掉到這兒——小哥白尼一邊笑一邊撿起那顆球。球從去年秋天就滾到這兒來，一動也不動地過了整個冬天。靜靜地滾到這兒的球，表皮上積了幾次雪，然後又融化；小哥白尼想了想，清晰地感覺到漫長的冬天終於過去了。

接著，小哥白尼從鏤空迴廊下面拿出小鏟子，把在樹蔭下已經發芽的花草移到陽光充足的地方。同樣是黃水仙，長在陽光充足處的都已經開花了，長在陰暗處的連花苞都還沒長出來。小哥白尼在庭院裡閒晃，只要看到可憐的花草，就順手把它們移到溫暖的地方。

「應該沒了吧。」

小哥白尼環顧四周。剛才發現那顆球的地點附近，有一株發芽的花草。

「那兒還有一株。」

小哥白尼馬上動手挖。

可是，他才挖了一下就感到意外。

他本來以為，這株花草頂多深入土壤五公分，沒想到挖了五公分、七公分，還沒辦法把根全挖出來。小哥白尼把鏟子一次又一次地插進土裡，在花草四周挖洞。

洞越來越深，越來越大；小哥白尼腳邊潮溼的土壤也越堆越高。只有前端有點綠、其他部分完全蒼白的莖，小心翼翼地伸入大檜木樹蔭下微暗的洞裡。小哥白尼認真地繼續挖，十公分、十一公分、十二公分，還是沒辦法把根全挖出來。

挖了超過十五公分左右，小哥白尼越來越興奮了。一株小草竟然從這麼深的地下，穿過土壤，長到地面，探出頭來。小哥白尼不由得佩服這株小草。

挖了二十公分，還沒看到整個根部。小哥白尼感到不可置信，盯著那株嬌弱細長又蒼白的莖。與其說那是花草，其實它看來像蔥一樣。不過，到底需要多少天才能長得這麼長？想必不只是十天、十五天。從地面還有殘雪的時期開始，這株草就知道春天的腳步近了，差不多該從地底發芽。它在陰暗的土壤裡，慢慢地、一點一點地、不停歇地成長，到現在，總算能把臉露出地面了。真是吃苦耐勞的傢伙！小哥白尼在心裡吶喊。在沒有人看到的地方，靜靜地努力這麼久；小哥白尼感受到小草的氣魄。對他來說，這株形狀奇妙的小草實在不容小覷。

「做得好，做得好。」

小哥白尼在心裡對小草這麼說，又繼續認真地挖土。

終於看到整株根了。小哥白尼馬上就看出那是黃水仙的球根。小哥白尼不知道黃水仙的球根怎麼會亂長到這麼深的地方。不過，即使球根被埋在這麼深的地方，這株水仙也沒有死掉。只要還有生命，即使面對深厚土壤的阻撓，也能感受太陽的熱，一靠近春天就開始發芽，朝著明亮的地面成長。

小哥白尼高舉那株奇妙的水仙端詳。光看它長三十公分，其實和在地上開花的同類幾乎一樣長。可是，沒有人會看出這是水仙。白色莖的部分再怎麼看都像是蔥，不過莖的前端染了一點綠，的確是水仙葉的模樣。小哥白尼把這株樣貌怪異的水仙種到有陽光的地方，在其他同伴旁邊，一起並肩曬太陽。他挖了很深的洞，再把白色的部分藏在地面下。

其他的黃水仙長出形狀漂亮的鮮綠葉子，顏色亮得好像剛沖洗過似的；深黃色花朵開了一半。小哥白尼看到旁邊那株剛移植的水仙稍微探出頭，心裡覺得非常不忍。小哥白尼彷彿能看見藏在土壤中蒼白的莖。

「我懂了！即使埋在那麼深的地方，它也忍不住要長大。」

小哥白尼再度這麼想。僅僅三公分的綠色莖裡充滿忍不住要長大的力量，讓這株謙卑含蓄的小草精神奕奕地抬起頭來。可是——

抬頭一看，忍不住要長大的力量也在楓樹裡、鴨腳木裡、滿天星裡——不，應該說在所有花草樹木裡，同時開始活動了。

小哥白尼忘了甩掉滿手的土壤，佇立在溫暖的陽光下。他心情舒服，情緒高昂。

忍不住要長大的力量也在小哥白尼的體內開始活動了。

當天晚上，小哥白尼在舅舅家的書房和舅舅說話。

那是個寧靜的夜晚。

夜晚冷冽的空氣從微開的窗戶流進來，飄來丁香花的香味。

「……可是，舅舅，最古老的佛像真的是希臘人做的嗎？」

「真的。英法的學者長年來苦心鑽研，終於證實這是真的。」

「是嗎？」

小哥白尼好像還是不相信。

——那天小哥白尼拿著媽媽做的御荻到舅舅家，後來順便在舅舅家吃晚飯，飯後在舅舅的書房聊天。話題從彼岸日談到佛像，討論到究竟是什麼樣的人在什麼時候開始製作佛像。舅舅說，是距今約兩千年前的希臘人開始做的。這個答案實在超乎想像，所以小哥白尼無法相信。小哥白尼見過的希臘雕像通常有俐落的體格、端正漂亮的臉孔、修長的手腳，是令人感覺清爽的娟秀雕像。可是，小哥白尼知道的佛像，不管是鐮倉或奈良的大佛，通常都胖胖的，臉很圓，閉上厚重的眼瞼，好像在沉思。在小哥白尼眼中，雖然佛像充滿無限的慈愛和威嚴，卻帶著莫名的陰森，有種深不見底的恐怖。佛像的面貌和體格一點也不像西方人。小哥白尼認為，說到東洋風，佛像應該是最具東洋風的東西。所以，怎麼可能是那些創造希臘雕刻的希臘人最早開始雕佛像……

「舅舅，佛教起源於印度，對吧？」

「嗯，所以最早出現佛像的國家是印度。不過，雖然佛像是在印度做的，卻不是印度人做的，而是希臘人做的。」

「咦——」

「你看看這張照片。」

舅舅翻開厚厚的英文書，讓小哥白尼看插圖。

圖上有些佛像和希臘雕像並排。

「像吧？」

原來如此，雖然一看就知道這些是佛像，可是樣貌看起來的確像西方人，有些佛像穿的袈裟也和希臘雕像一模一樣。

「這些佛像有點奇怪。」

小哥白尼說道。

「哪兒奇怪？」

「看起來好像西方人。」

「對吧？如果我說這些佛像是西方人做的，你應該也不會覺得不可思議吧？不過這些佛像和希臘雕像還是不一樣。首先，他們的耳垂都很長，臉還是像一般佛像，好像在沉思。」

的確如此。圖上的佛像好像介於希臘雕像和日本、中國佛像之間，與兩者都相像，也與兩者都不同。

「舅舅，這是什麼佛像？」

「這是犍陀羅的佛像。」（譯注：犍陀羅在今巴基斯坦北部和阿富汗南部）

「犍陀羅是什麼？」

「犍陀羅是以前印度西北方的國家……」

接著，舅舅告訴小哥白尼，犍陀羅佛像的故事——

你應該知道，印度西北邊的國家是阿富汗。有條河從阿富汗流入印度，匯入印度河；這條河稱為喀布爾河。喀布爾河流入印度的地點附近是白夏瓦，那一帶的土地以前稱為犍陀羅。

距今大約一百年前，有許多和佛教相關的雕像在犍陀羅一帶出土。自從西元一八七〇年英國學者雷特納將大量的犍陀羅出土文物帶回英國之後，全世界的學者突然開始關注犍陀羅的藝術品。後來，學者又在這兒挖掘出更多的佛像。

犍陀羅的佛像

本來佛教起源於印度。你應該也知道，距今約二千五百年前，印度中部的迦毗羅衛城的王子釋迦牟尼誕生，他想拯救世人脫離苦海，歷經長時間的艱苦修行之後，開始廣傳佛法。後來，佛教逐漸普及，尤其在釋迦牟尼過世後兩百年左右，古印度孔雀王朝有名的君主阿育王傾全力推廣佛教，讓佛教不僅在印度內地傳開，更流傳到國外。此後佛教曾經非常盛行，但是後來慢慢受到印度教壓制，加上伊斯蘭教徒入侵印度之後迫害佛教徒，使得佛教在其發源地印度幾乎銷聲匿跡。佛教徒留下的諸多藝術品、建築物、紀念碑不是被破壞殆盡，就是埋入土裡，不知去向。

從十八世紀中期開始，印度成為英國的殖民地。英國人為了統治印度，想了解印度的歷史，卻發現印度人是很不可思議的民族，他們留下的典籍數量多得驚人，卻幾乎沒有寫下自己的歷史。因為缺乏歷史紀錄，要了解歷史只能靠古時候的遺物。英國政府從大約一百年前展開大規模的考古探險、挖掘古物，結果在印度各地陸續發現以前的遺跡、建築物、紀念碑、藝術品和貨幣等等，現在也已經正確掌握印度的歷史，同時也釐清佛教藝術發展的過程。——犍陀羅的佛像就是在這一連串研究過程中發現的，之後經過縝密的比較研究，才確定那是最古老的佛像雕刻品。

仔細研究這些佛像，你們應該也會立刻注意到，佛像的臉孔和體型都很接近西方人。從雕刻技術看，也有和希臘雕刻完全一樣的地方。有的佛像樣貌甚至和希臘的阿波羅神相同。不過，即使有這些線索，也可以解釋為印度人模仿希臘雕像雕了這些佛像，卻有一點足以說明佛像並非出自印度人之手：這些佛像都蓄有頭髮。佛教出家的僧侶都得剃度，經文也清楚寫著釋迦牟尼同樣剃了頭。如果犍陀羅的佛像是印度人雕的，應該不會讓佛像蓄髮。

山奇佛塔（Sanchi Stupa）：描述佛陀三大神蹟的浮雕。最上面的樹代表釋迦牟尼在菩提樹下開悟，中間的車輪代表釋迦牟尼在鹿野苑傳教，最下面的塔代表釋迦牟尼之死。

不過，假如只是和佛教有關的雕刻，其實學者已經發現許多比犍陀羅的佛像更古老的作品。但是這些雕刻作品並沒有以人的形體表示佛陀。這並不是因為印度人沒有足夠的技巧雕佛像，而是刻意避免以人的形體表示佛陀。這些古老雕刻能把佛陀以外的人雕得栩栩如生，唯獨佛陀總是化身為樹、車輪、塔之類的象徵。

山奇佛塔是阿育王建造的著名建築，遺跡內有大約在西元前一五〇年至一〇〇年建造的門，門上刻著佛陀的一生。如我剛才所說，雕刻上只有許多象徵。由此可見，印度人在釋迦牟尼死後至少三、四百年後，習慣不把釋迦牟尼雕刻成像。某位學者曾說，印度人可能認為佛陀比人更崇高，以人的形體表現恐怕會褻瀆佛陀。這樣一來，犍陀羅的佛像更不可能出自印度人之手了。

不過，犍陀羅佛像的表情和希臘雕像完全不同。希臘諸神表情開朗，但是犍陀羅的佛像彷彿在沉思，神色凝重；兩者呈現截然不同的感覺。即使犍陀羅佛像的雕刻技術和外形近似希臘雕刻，但是呈現的氛圍完全是印度的、佛教的氛圍。

綜合以上所有觀點，最正確的想法如下：

「犍陀羅佛像的創作者是長期呼吸東方空氣、沉浸在佛教氛圍的希臘人。」

不過，犍陀羅地帶真的出現過這樣的希臘人嗎？

的確出現過。從印度西北部到阿富汗，有許多以前的貨幣出土。這些貨幣出自巴克特里亞、大月氏國這些在一千八、九百年前稱霸該地區的國家，貨幣上除了刻有印度諸神和佛像之外，還有希臘諸神，而且在某種印度文字旁邊也記載了希臘文字。由此可見，當時有許多希臘人住在這個地區。

為什麼有許多希臘人住在印度西北部？

這是你們也聽過的亞歷山大大帝東征的結果。亞歷山大在西元前三三四年率領希臘聯軍越過位於歐亞交界處的達達尼爾海峽，在十多年的時間內征服亞洲大陸各國。當時波斯擁有廣大的領土，從西邊鄰近地中海的敘利亞、埃及起，一直到東邊的印度河地帶。亞歷山大大帝的軍隊如暴風一般，征服波斯的每個角落；

他不僅攻下位於美索不達米亞的波斯首都巴比倫，還從現在的阿富汗、中亞進軍到印度河東岸地帶，大規模遠征。

亞歷山大大帝於西元前三二三年結束東征印度，回到巴比倫，在此設立新帝國首都。可惜那一年亞歷山大不幸英年早逝，當時他才三十二、三歲，年輕有為，便懷著遠大的理想與世長辭。

亞歷山大大帝有什麼理想？

他想在自己征服的廣大土地上，建立融合西方文明和東方文明的大帝國。他率先迎娶波斯公主為妻，鼓勵部下將士與波斯婦女通婚。他還在東征途中的主要地點四處建立希臘城鎮，讓希臘人定居。他想透過這些做法讓波斯人希臘化、希臘人波斯化，結合東西文明。

亞歷山大大帝的豐功偉業是將希臘文明推展至東方，為希臘文明融入東方文明奠定了重要的基礎。他在短短十幾年的活動之後就結束了生命，但是後來希臘人陸陸續續往東方移居，東方和西方文明的交流才能長久地持續下去。

巴克特里亞位於現在阿富汗一帶，當時另有許多希臘人住在這兒。距今約兩千年前，這些希臘人慢慢移入印度西北部，他們不僅帶來希臘文化，也沉浸在印度文明中生活。他們了解希臘雕刻技術，也呼吸著佛教的宗教空氣。因為這些人——佛像才得以誕生。

「所以，小哥白尼——」

舅舅說了很長的故事之後，對小哥白尼說：

「佛像不只出於佛教思想，也不是單靠希臘雕刻技術就能做得出來。結合兩者，才有佛像。在那之前，即使世上有佛教信仰，也沒有佛像。」

小哥白尼聽了舅舅的說明，終於相信是希臘人創造了犍陀羅的佛像。可是，以前自己認為完全出自東方文明的佛像，竟然是西方文明和東方文明融合而成的結晶，想來還是令人覺得不可思議。

「舅舅，奈良的大佛也一樣嗎？」

「嗯，那是日本人做的佛像，但是技術來自中國，而中國是向印度學的。所以，追根究柢，最後會追溯到犍陀羅的佛像，然後連結到希臘的雕像。」

「哦——」

小哥白尼不禁感嘆。舅舅繼續說：

「源自犍陀羅的佛像，正好搭上佛教在亞洲擴大的順風車，跟著普及到亞洲各地。從東南的爪哇開始，經過東北的中國、朝鮮，最後傳到日本，在流傳的過程中受到各種民族的氣質影響，衍生一些不同的特色，產生細微的變化；優異的希臘雕刻技術吸收了許多形態，沒有失傳，不斷流傳下去……」

舅舅稍微停頓一會兒，改變語氣又繼續說：

「對了，佛像在欽明天皇的時代傳到日本，在大約皇紀一二一二年，距今大約一千六百年前。當時交通當然還不發達，要在日本與中國、中國與印度之間往來，往往是攸關生死的冒險。尤其在印度和中國之間有中亞的大山脈和大沙漠，而且當時也無法靠船隻往來，只能穿越天險地帶。直到今天，不管是從印度到中國或從中國到印度，橫跨中亞的旅行依然不容易。更別說在一、兩千年前，這樣的旅行有多麼艱難。

「小哥白尼，想想交通困難的程度，再想想佛像傳到日本的結果。真是了不得的成就。

「『學問和藝術無國境。』你應該也聽過這句話。一點都沒錯。喜馬拉雅山脈、興都庫什山脈、崑崙山脈這些堪稱亞洲大陸背脊的山脈，塔克拉瑪干沙漠這樣的大沙漠，最後都無法阻止卓越的藝術東進。在一千多年前，希臘文明就越過這些天險，橫跨中國大陸，千里迢迢地流傳到日本——小哥白尼，這實在令人吃驚。」

這的確讓人吃驚。小哥白尼不知該如何表達自己的感動。

「小哥白尼，其實還不只佛像。在奈良正倉院的收藏中，保存了很多從印度、波斯、阿富汗地帶流傳到日本的藝術品。奈良朝時代的日本人——我們的祖先當時對世界歷史和世界地理一無所知，但是即使他們一無所知，還是無法自外於世界歷史。

「從世界歷史的角度看來，當時的日本只不過像小孩子一樣。但是日本人看到好的藝術品懂得讚嘆，也明白藝術品的價值。即使看到來自遙遠異國的文物，日本人依然發自內心讚嘆，接納吸收，提升日本的文明。透過這種方式，日本人也以日本人的方式推進人類進步的歷史……」

小哥白尼感覺到自己的雙眼越來越炯炯有神。

從希臘到東方世界的最東邊，這麼遙遠的距離——兩千年的時光之河——誕生又死去的幾十億人——

透過許多民族才得以誕生的諸多美麗文化！

這是多麼壯闊廣大的景觀。小哥白尼覺得胸口情緒滿溢，感受到莫名的震撼。晚風傳來丁香花的香味，他吹著晚風，沉默了一會兒，凝視桌上的檯燈。

——白天站在庭院感受到的、忍不住要長大的動力，也在幾千年的歷史中大步向前邁進。

10 春天的早晨

小哥白尼從無夢無礙的安靜睡眠中醒了過來。

房裡一片漆黑。全世界都還在睡著，安靜得沒有一點聲音。

他在黑暗中睜開眼，靜靜躺了一會兒。睡飽了，沒有一絲不滿足，心情很平靜。

現在幾點了呢——

看看四周，穿過防雨木窗縫隙的光線朦朧地滲在毛玻璃上。天快亮了。

小哥白尼下了床，為了不打擾睡在下鋪的媽媽，小心翼翼地打開窗。窗外霧深露重，冷冽潮溼的空氣拂向小哥白尼臉上，流入房間。

太陽還沒升起。從二樓的窗戶往下看，庭院的樹木、隔壁的屋頂、遠處的樹木、電線桿全都籠罩在霧氣中，在不知從何而來的微弱光亮裡，依然帶著睏意。

小哥白尼突然覺得聽到黃鶯的叫聲。他屏息等著下一聲，過了一會兒，又從遠處傳來另一聲。

黃鶯一直叫，卻不現身。只能聽到從深重的霧氣中傳來的啼鳴。叫聲時而停歇，聽來滿是歡愉。並不是為了唱給誰聽，而是一邊享受自己的聲音，一邊開心地唱著歌。光聽鳴叫聲就能想像黃鶯的模樣；每啼一聲，便自己停下來專注傾聽，聽那叫聲傳向遠方然後逐漸消逝。小哥白尼靠在窗邊，聽了好一會兒。

不久之後，小哥白尼坐在書桌前，拿出那本新的筆記本，振筆疾書——

舅舅：

從今天起，我也會在這本筆記本寫下自己的感想。舅舅寫筆記本時，就像在對我說話似的；我寫筆記本的時候，也會想像自己在對舅舅說話。

我重複看了舅舅的筆記本許多次。有些內容對我來說還太難，但是我沒有跳過任何部分，全部看過。

令我最感動的還是爸爸的話。我絕對不會忘記，已過世的父親的遺願是希望我成為一個「為人很了不起的人」。

我真的開始覺得自己必須成為一個好人。就像舅舅所說，我是消費專家，沒有生產任何東西。我和浦川不同，即使現在想生產什麼，也辦不到。但是我能成為一個好人。只要自己成為好人，就能為世界創造一個好人；這我也做得到。我相信，只要打定主意成為一個好人，就有能力為世界創造更多。

小哥白尼寫到這兒，稍微停筆。霧氣深處傳來遠方省線電車通過的聲音。電車已經開始行駛了。

小哥白尼往窗外看。遠方的天空已經亮了起來。東京市在天空下延伸，有幾百萬人即將起床，展開一天的工作。浦川也──不，浦川一定早就起來了，現在正在冒著熱氣的火爐邊蒸豆腐。

小哥白尼眼底浮現水谷家古色古香的洋房和勝子姊姊的身影。他也想像著北見熟睡的表情。擁有好朋友的幸福在小哥白尼心裡甦醒。小哥白尼又在筆記本上繼續寫。

我認為將來世界上所有人都應該成為彼此的朋友。人類從以前到現在不斷進步，今後一定會進步到那樣的世界。而我想成為能幫助世界進步的人。

——

天突然亮了，小哥白尼抬起頭。滿滿的陽光灑在窗戶上。太陽穿透霧氣，開始將新的陽光投射在大地之上。

小哥白尼開始懷著這樣的想法過他的人生。這長長的故事也結束了。

最後我想問大家——

你想活出怎樣的人生？

Eurasian Publishing Group
圓神出版事業機構
用心與你對話・視野無限寬廣
先覺出版社
Prophet Press
www.booklife.com.tw reader@mail.eurasian.com.tw
人文思潮 133

你想活出怎樣的人生？
【品格形塑經典，影響日本深遠的一本書】

作　　者／吉野源三郎
繪　　者／脇田和
譯　　者／陳昭蓉
發 行 人／簡志忠
出 版 者／先覺出版股份有限公司
地　　址／台北市南京東路四段50號6樓之1
電　　話／（02）2579-6600・2579-8800・2570-3939
傳　　真／（02）2579-0338・2577-3220・2570-3636
總 編 輯／陳秋月
主　　編／簡　瑜
責任編輯／簡　瑜
校　　對／許訓彰・王妙玉・李美綾
美術編輯／林韋伶
行銷企畫／張鳳儀・徐緯程
印務統籌／劉鳳剛・高榮祥
監　　印／高榮祥
排　　版／杜易蓉
經 銷 商／叩應股份有限公司
郵撥帳號／ 18707239
法律顧問／圓神出版事業機構法律顧問　蕭雄淋律師
印　　刷／祥峯印刷廠
2013年9月　初版
2024年9月　二版38刷

定價 290 元　ISBN 978-986-134-329-7

自己在某個時間、某個地方受到感動，這種無法重複的唯一經驗，其實具有不限於那個時刻的意義。這就是眞正屬於你的思想。

——《你想活出怎樣的人生？》

國家圖書館出版品預行編目資料

你想活出怎樣的人生？【品格形塑經典，影響日本深遠的一本書】／吉野源三郎 著；陳昭蓉 譯 .
-- 二版 .-- 臺北市：先覺，2018.11
256 面；14.8×20.8 公分 --（人文思潮；133）
譯自：君たちはどう生きるか

ISBN 978-986-134-329-7（平裝）

1. 人生哲學　2. 修身　3. 青少年

191.9　　107012507